汽车钣金快速入门一本通

周晓飞 主编

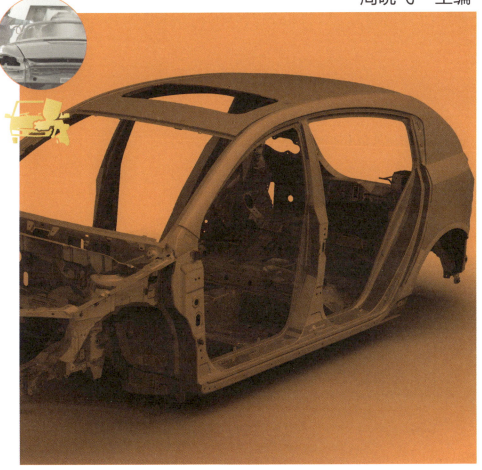

化学工业出版社
·北京·

内容简介

《汽车钣金喷漆快速入门一本通》主要针对汽车维修入门人员，以"用图说话"的方式，采用大量精美的彩色图片，同时配以浅显易懂、形象生动的语言文字进行讲解。从熟悉汽车钣金喷漆职业讲起，然后走进车间接触汽车钣金喷漆作业，再到留在车间学习汽车钣金喷漆，最后扎根车间成就"汽修钣金喷漆工匠"，循序渐进地进行介绍，引导读者快速入门。

对于较复杂的实操内容，书中还专门配备了"微视频讲解"，扫描书中相应章节的二维码，即可同步、实时观看视频。视频资源与图文内容相互衔接、互为补充，有利于读者快速理解和高效掌握所学知识点。

本书适合汽车维修技术入门人员使用，可作为职业技术院校汽车维修相关专业以及各类汽车维修培训机构的教学参考用书。

图书在版编目（CIP）数据

汽车钣金喷漆快速入门一本通/周晓飞主编. —北京：化学工业出版社，2022.10
ISBN 978-7-122-41769-5

Ⅰ.①汽… Ⅱ.①周… Ⅲ.①汽车-钣金工②汽车-喷漆 Ⅳ.①U472.4

中国版本图书馆CIP数据核字（2022）第111835号

责任编辑：黄　滢　　　　　　　装帧设计：王晓宇
责任校对：宋　玮

出版发行：化学工业出版社（北京市东城区青年湖南街13号　邮政编码100011）
印　　装：北京宝隆世纪印刷有限公司
710mm×1000mm　1/16　印张13　字数220千字　2023年1月北京第1版第1次印刷

购书咨询：010-64518888　　　　　　售后服务：010-64518899
网　　址：http://www.cip.com.cn
凡购买本书，如有缺损质量问题，本社销售中心负责调换。

定　价：79.80元　　　　　　　　　　　　　　版权所有　违者必究

前言

PREFACE

本书主要针对零起点入门读者介绍汽车钣金喷漆相关知识和技能。

全书按照"熟悉汽车钣喷职业—走进钣喷车间—留在钣喷车间—扎根钣喷车间"的顺序,循序渐进地进行介绍;从了解汽车钣金喷漆,到学习汽车钣金喷漆,最后成就"汽车钣金喷漆工匠",手把手、一步步地引导读者快速入门。

可以说,本书是一本汽车钣金喷漆维修入门的普及读物。全书主要以"用图说话"的方式,采用大量精美的彩色图片,同时配以浅显易懂、形象生动的语言文字进行讲解,力求做到以"图"代"解"、以"解"说"图",即使没有系统学习过机械制图的人员也能看懂。

此外,对于较复杂的操作内容,书中还专门配备了"微视频讲解",以二维码的形式呈现,读者学习时只需用手机扫描书中相应章节的二维码,即可同步、实时观看视频。视频资源与图文内容相互衔接、互为补充,有利于读者快速理解和高效掌握所学知识点。

本书由汽车维修行业具有多年维修经验的专家团队编写而成,周晓飞任主编,参编人员有万建才、李新亮、李飞云、樊志刚、边先锋、赵义坤、李立强、刘文瑞、赵小斌、刘振友、宋东兴、石晓东、彭川、陈浩。编写过程中参考了部分技术文献、多媒体资料及原车维修手册,同时也汇集了众多业内维修高手的经验,在此一并表示衷心的感谢!

由于笔者能力和水平有限,书中或许还有不妥的地方,敬请广大读者批评指正。

编者

第一章
熟悉汽车钣喷职业——造就"汽车钣金喷漆工匠"

第一节　熟悉汽车维修职业　/1
　　一、汽车维修工程师　/1　　　　　二、汽车维修工　/2
第二节　了解汽车钣喷维修的工作内容　/2
　　一、汽车车身整形修复　/2　　　　二、汽车车身涂装修复　/3
　　三、汽车玻璃修复　/4
第三节　钣喷维修工应具备的基本素养　/4

第二章
走进钣喷车间——了解汽车钣金喷漆

第一节　了解汽车钣金喷漆装备　/5
　　一、钣喷车间布局及功能　/5　　　二、钣喷作业装备（工装要求）　/6
第二节　认识常规钣喷维修作业　/7
　　一、汽车钣金日常维修　/7　　　　二、车身碰撞　/13
　　三、车身碰撞变形修复　/21　　　　四、车身喷漆　/28

第三章
留在钣喷车间——学习汽车钣金喷漆

第一节　熟悉钣金和喷漆维修中相关注意事项　/ 32
　　一、钣金维修事项　/ 32　　　　　　二、喷漆作业事项　/ 36
第二节　熟练使用钣金维修工具和设备　/ 38
　　一、日常维修工具　/ 38　　　　　　二、整形设备　/ 40
第三节　熟悉喷涂工具和设备　/ 51
　　一、打磨工具　/ 51　　　　　　　　二、喷枪　/ 52
　　三、烤灯　/ 60　　　　　　　　　　四、烤漆房　/ 62
第四节　熟悉玻璃维修工具　/ 65
　　一、吸盘　/ 65　　　　　　　　　　二、壁纸刀　/ 65
　　三、胶枪　/ 66
第五节　了解高概率的日常钣金维修　/ 67
　　一、车身前端　/ 67　　　　　　　　二、车身后端　/ 71
　　三、车身顶部　/ 73　　　　　　　　四、车内饰　/ 73

第四章
扎根钣喷车间——成就"汽车钣金喷漆工匠"

第一节　钣金修复工艺和流程　/ 76
　　一、车身表面修整　/ 76　　　　　　二、车身测量　/ 78
第二节　喷漆工艺和流程　/ 81
　　一、漆面颜色调配　/ 81　　　　　　二、漆面的清洁和检查　/ 83
　　三、喷涂底漆　/ 85　　　　　　　　四、刮腻子　/ 87
　　五、中涂层作业　/ 89　　　　　　　六、喷涂面漆　/ 91
第三节　车身部件更换和封涂　/ 93
　　一、车身钣金结构　/ 93　　　　　　二、前舱部件更换　/ 99
　　三、更换后部钣金件　/ 133　　　　　四、钣金件密封　/ 165

第四节　车窗拆装和维修　/183
　　一、拆装前挡风玻璃　/183
　　二、拆装侧围后三角玻璃　/188
　　三、拆装全景天窗玻璃　/190
　　四、拆装车窗玻璃和运动导槽　/193
第五节　喷漆常见故障处理　/198
　　一、底材剥落　/198
　　二、漆膜表面浑浊无光　/198
　　三、颜色偏差　/198
　　四、涂层表面有微粒凸出　/199
　　五、表面固化太快而不能流平　/199
　　六、表漆针刺状针孔　/200
　　七、漆面起泡　/200
　　八、漆面腻子痕迹　200
　　九、失色褪色　/201
　　十、漆面滴流　/201
　　十一、漆面裂痕　/202
　　十二、漆面突起的凹陷点　/202

《汽车钣金喷漆快速入门一本通》配套视频

序号	配套视频名称	二维码页码	序号	配套视频名称	二维码页码
1	喷漆维修技师防护	7	11	汽车烤漆房	75
2	车身材料	13	12	车身颜色识别	81
3	侧面碰撞	21	13	吸收、反光和折射光漆	83
4	轻微损伤钣金件特征线轮廓的修补技巧	31	14	颜色库和色卡	85
5	面漆	31	15	车身喷涂填充材料——腻子	89
6	喷枪	55	16	表面喷漆及材料	91
7	喷枪的设置	58	17	焊接前轮罩上边梁外板总成	105
8	密封用胶枪	66	18	安装前风挡玻璃	187
9	修补保险杠	69	19	全景玻璃天窗	190
10	研磨或打磨材料	75	20	漆面的缺陷	202

第一章

熟悉汽车钣喷职业——造就"汽车钣金喷漆工匠"

第一节 熟悉汽车维修职业

一、汽车维修工程师

这里所说的工程师领域的"汽修工"是指国家职业资格中机动车检测维修专业技术人员中的机动车检测维修士、机动车检测维修工程师和机动车检测维修高级工程师（目前未开考）三个级别，是原交通部和原人事部2006年开始实施的一项职业资格，这也真正地实现了一线汽车维修工也能当上工程师，也是目前国家保留为数不多的水平评价类专业技术资格之一。

1. 专业设置

机动车检测维修专业技术人员职业水平考试分为机动车机电维修技术、机动车整形技术和机动车检测评估与运用技术3个专业。

从事机动车检测维修及相关业务工作的专业技术人员，报名参加考试时，应根据本人所从事的专业技术岗位选择其中一个专业。例如，在汽车维修中从事技术总监岗位，就可以报考机动车机电维修技术工程师。

2. 对应职务

取得机动车检测维修士职业水平证书，可聘任技术员、助理工程师职务，也就是俗称的初级职称；取得机动车检测维修工程师职业水平证书，可聘任工程师职务，也就是俗称的中级职称；以后，机动车检测维修高级工程师开考后，取得该级别证书，还可聘任高级工程师职务。

3. 职业资格标识

职业资格标识形式是参照美国国家优秀汽车维修学会"优秀汽车维修"（ASE）制度中的"优秀蓝印"标识设置的从业人员佩戴的臂章，以及用于维修企业展示的公示牌。

二、汽车维修工

"汽车维修工"是现行的《国家职业技能标准》的标准职业名称，已经不再称"汽车修理工"，而是改为"汽车维修工"。职业划分也是从以前的"生产制造及有关人员"调整到"社会生产服务和生活服务人员"行列。2019年12月30日，国务院常务会议决定分步取消水平评价类技能人员职业资格，推行社会化职业技能等级认定。就此，汽车维修工工种，由国家职业资格证书转变为职业技能等级证书。

技能等级（证书）依然分为五级，即初级技能（五级）、中级技能（四级）、高级技能（三级）、技师（二级）、高级技师（一级）。汽车维修工有七个工种，即汽车机械维修工、汽车电维修工、汽车玻璃维修工、汽车美容装潢工、汽车车身整形修复工、汽车车身涂装修复工、汽车维修检验工（汽车检测工）。

第二节　了解汽车钣喷维修的工作内容

一、汽车车身整形修复

1. 车身损伤检查

❶ 能目测确定车身覆盖件损伤的面积和程度。

❷ 能使用测量工具检验覆盖件的损伤程度。

2. 车身零部件拆卸和安装

能拆卸和安装前保险杠、后保险杠、前翼子板、车身内外装饰件、车门玻璃和侧窗玻璃等零部件。

3. 整形修复

❶ 能使用打磨机去除漆膜，能使用手工工具修复钢质覆盖件平面损伤；能使用整形机修复；能使用专用焊接设备。

❷ 熟悉如图 1.2-1 所示的焊接类型、点焊数量以及板件拆除和安装时所需的切割与连接位置。

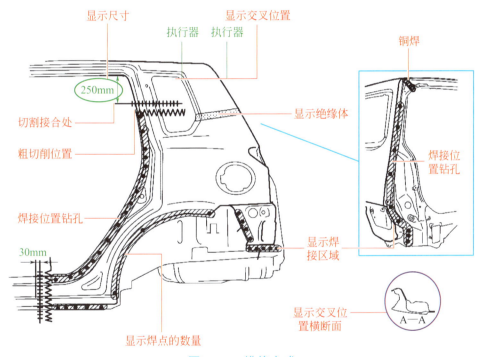

图 1.2-1　维修方式

二、汽车车身涂装修复

1. 调色

❶ 能使用色卡和计算机调色配方系统选颜色配方。

❷ 根据颜色能判断调漆的颜色。

2. 使用喷涂工具

❶ 熟练使用各种工具和设备,包括烤灯和烤漆房。
❷ 喷枪是最为重要的工具,能使用喷枪喷涂各种颜色。
❸ 能打磨除去钣金表面的污点和边缘粗糙的漆尘等喷涂缺陷。

三、汽车玻璃修复

❶ 能更换前后挡风玻璃以及三角玻璃、天窗玻璃。
❷ 能诊断并排除天窗玻璃安装后不能运行自如、偏离轨道等问题。
❸ 熟悉汽车玻璃上的传感器等电气设备的拆卸和安装。

第三节 钣喷维修工应具备的基本素养

1. 健康要求

具有一般智力水平、表达能力、动作协调性和空间感;手指和手臂灵活性好;有一定的计算能力。从事车身涂装修复的人员应具有正常色觉。

2. 受教育水平

汽车维修工最低受教育水平为初中毕业,或相当的文化程度。

3. 职业道德

对于这个职业,首先要热爱汽车维修这个行业,钻研技术自然是分内之事。要严格执行工艺文件和厂家维修手册中的要求,要有很强的质量意识。也一定要有安全意识,毕竟是整天在车间和机器打交道,修电动汽车还要和高压电打交道,所以安全意识不能含糊。同时要有环保意识,不要将废机油等废弃物乱丢。

第二章

走进钣喷车间——了解汽车钣金喷漆

第一节 了解汽车钣金喷漆装备

一、钣喷车间布局及功能

维修车间功能见表 2.1-1。维修车间如图 2.1-1 所示。

表 2.1-1 维修车间功能

维修车间及配套功能	主要功能维修车间	具体工位/操作间	备注
维修作业车间	机电维修车间	预检工位	根据维修厂规模可设置预检工位
		维修工位	进行各种维修作业的常用工位
		总成维修间	比如,发动机的拆解大修可以在总成维修间内完成
	钣喷维修车间	钣金车间/工位	根据维修厂规模,可设置专门的车间或工位
		喷漆车间/工位	设置专门的车间
		漆料间	为喷漆车间服务,一般设在喷漆车间内

续表

维修车间及配套功能	主要功能维修车间	具体工位/操作间	备注
维修作业车间	专修车间	四轮定位工位	做四轮定位的专门的工位
		轮胎维修工位	更换轮胎和轮胎动平衡专门的工位
维修车间内配套功能设置	（配件库）领料室	服务维修作业，便于拿取配件	为了便于服务维修作业，配件库通常在车间内设置领料口，或配套配件（库）间
	专用工具间	—	根据维修厂规模，可专设专用工具间、休息室、培训室
	休息室	—	
	培训室	—	
安全和处置功能设置	旧件间	存放更换下来的废旧配件	—
	废弃机油处理间	存放更换下来的废弃机油	必须设置专门的处理间

图 2.1-1　维修车间（工位）

二、钣喷作业装备（工装要求）

1. 汽车维修工着装要求

（1）工作服

为防止事故的发生，工作服必须结实、合身，以便于工作。为防止工作时损坏汽车,不要暴露工作服的带子、扣、纽扣、钥匙链等。

（2）工作鞋

工作时要穿工作鞋。因为穿着凉鞋或运动鞋危险,易摔倒并因此降低工作效率。它们还能使穿着者容易因为偶然掉落的物体而受到伤害。

（3）工作手套

提升重的物体或拆卸热的排气管或类似的物体时,建议戴上工作手套。然而,对于普通的维护工作,戴手套并非必需的要求。根据所要做的工作的类型来决定,必要时要戴工作手套。

2. 喷漆维修工着装和防护

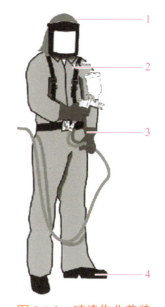

图 2.1-2　喷漆作业着装
1—供给新鲜空气的防护罩；
2—防护服；3—防护手套；4—防护鞋

尤其是在喷漆作业中,要注意身体防护安全。喷漆作业着装如图 2.1-2 所示。喷漆技师应该穿上防护服（防火及防静电服装）。护目镜必须不与溅出的溶剂起任何反应,并且完全地将两侧眼角的区域包裹起来。在喷漆过程中最好的保护便是戴上全面罩式呼吸防护器或带有内置面罩的头盔式呼吸防护器。

第二节　认识常规钣喷维修作业

一、汽车钣金日常维修

1. 轻度车身表面修复

无论凹坑大小,修复时都应先将凹坑敲起来或者拉出来,使其与原来形状基本一致。

（1）单层车身金属板的凹坑修复

由于金属板被拉伸,与原状相比还会有微凹坑,这时可用木锤或塑料

扫一扫

视频精讲

锤,从凹坑后面轻轻敲击,同时选一个合适的木块垫在金属板外,以免锤子的冲力将凹坑周围敲弯。

(2)夹层金属板的凹坑修复

凹坑处是夹层钣金,或由于其他原因,锤子无法在凹坑后面作业,这时要用以下方法进行修复。

❶ 钻孔法　这种方法适用于小面积凹坑,这样做对钣金及油漆损伤小。在凹陷处或褶皱处用手电钻钻出一排小孔,孔径和孔距要根据车身外板变形处的情况而定。

❷ 拉环法　这种方法适用于面积较大的损伤,可减少穿孔过多对钣金件的损害。

将牵引钩伸入小孔中,逐个将其往外拉,直到完全恢复原状为止,如图 2.2-1 所示。拉拔时每只手可握两个拉杆,两手用力保持均匀一致,慢慢地拉,不可用力过大。

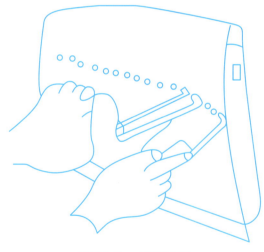

图 2.2-1　拉出修复

拉平后,用二氧化碳气体保护焊将孔焊死。焊接方法如下。

a. 焊枪垂直于板面,对准孔中心。

b. 将焊丝插入孔内,短暂地按下开关激发电弧,然后松开开关。

c. 焊丝在孔内形成熔池,而后冷却凝固。若孔径较大,焊枪沿孔周边缓慢地移动至孔中心,焊点以略高出板面为宜,过高将给打磨带来困难;反之则会使强度不足。

2. 车身表面凹坑修复

（1）车身表面凹坑检查

目视，在一定角度利用充足的光线，对车身各个部位进行仔细观察。在光的反射作用下，很容易发现车身上的凹坑、凸包。

利用手掌的灵敏度触摸车身表面也可以发现车身上的凹坑、凸包。触摸检查方法需要一定工作经验的积累。

触摸检查的具体方法是：手掌放平在需要检查的部位，手掌要和车身表面接触，用适当的力在接触面上往返触摸滑行，摸到凹凸处时会有异样的感觉。

车身整形机焊接后向外拉拔的原理，等同于手锤与垫铁作业时的虚敲作业。虚敲作业是将垫铁放置在钢板凹陷较低的内侧部位，车身整形机修复是将介子焊接在钢板凹陷较低的外侧部位，向外拉出，以取代从内侧向外压出的垫铁（图 2.2-2）

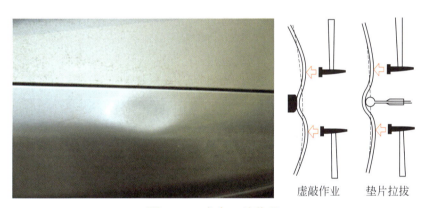

图 2.2-2　车身凹坑作业

（2）车身表面凹坑修复

❶ 根据小坑的位置，选择合适的圆头撬棍。

❷ 将撬棍置于车身内，用撬棍圆头部分以合适的力量顶起小坑。从车身表面看到凸起位置定为基准，当凸出部分刚刚超过钣金基准面时停止用力。

用撬棍顶起凹坑的修复方法是相对快捷、有效的技术之一。操作时，既要求着点准确，又要使撬棍用力适中。

❸ 对于撬棍顶不到的位置，如车身上双层板或多层板的部位，可以采用拔坑器修复。

修复凹坑时，注意根据小坑的位置、大小、板的薄厚选择合适的电流。若电流过小，则电极头与金属板粘接不上；若电流过大，则易产生击穿或产生较深的焊接痕迹。

3. 车身表面软坑修复

(1) 软坑修复特点

软坑修复就是免喷漆凹陷修复，是一项微钣金作业，是指利用气动或手动工具将一些比较轻微的钢板损伤恢复原状，一般不会破坏原来油漆。它是利用钢板的塑形、弹性及杠杆原理，通过光线反射的视觉效果判断出凹陷的位置和程度，使用工具逐步将凹陷部位的应力释放，从而使凹陷复原。软坑见图 2.2-3。

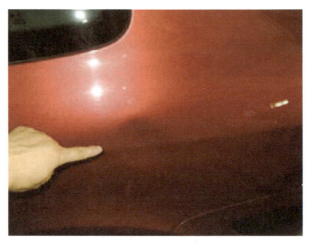

图 2.2-3　软坑

软坑的损伤部位没有腻子并且油漆也没有破裂，且不能靠近板件的边缘部位和没有死角。

(2) 软坑的修复方法

软坑的钣金修复作业可以分为外部粘接拉拔和内部顶撬。

❶ 外部粘接拉拔　使用如图 2.2-4 所示的拉拔修复工具，或者使用如图 2.2-5 所示的修复工具来进行小面积的凹坑修复。通过特制胶将凹陷部位与修复工具连接（图 2.2-6 和图 2.2-7），修复后使用特制专用液剂将两者分离。

a. 确认并清洁凹陷部位。

b. 根据凹陷形状选择合适大小的拉力吸盘。

c. 涂胶，胶枪通电加热 10min 左右，将胶均匀涂在吸盘上，涂胶由里到外。

第二章　走进钣喷车间——了解汽车钣金喷漆

图 2.2-4　拉拔修复工具套组（一）

T形修复器

图 2.2-5　拉拔修复工具套组（二）

图 2.2-6　凹陷部位

图 2.2-7　特制胶将凹陷部位与修复工具连接

图 2.2-8　使用拉拔修复工具维修凹坑（一）　　　图 2.2-9　使用拉拔修复工具维修凹坑（二）

d. 吸盘在凹陷部位，等 15～20min 胶凝固后，进行拉伸（图 2.2-8 和图 2.2-9）。

e. 去除吸盘，用滴管在吸盘黏胶处滴几滴除胶剂，取下吸盘。形状修复完毕。

f. 漆面处理。

❷ 内部顶撬　使用如图 2.2-10 所示的专用工具，通过钢板缝隙、内部工艺孔，或在内部隐蔽部位打孔，利用杠杆原理进行凹陷修复。

维修提示

如需要在内部隐蔽部位打孔，作业完毕后必须使用橡胶垫或密封胶密封。

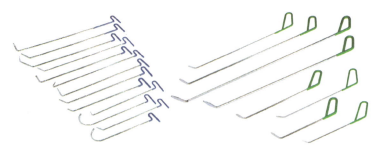

图 2.2-10　钣金专用撬棍

a. 首先确认凹陷位置。
b. 确定修复灯摆放的位置及角度。

c. 根据凹陷情况选择适合的工具。
d. 确定修复时的支点，进行形状修复。

4. 车身表面死坑修复

❶ 对于车身表面死坑，若修复方法不当，会使修复面积越来越大，或在死点处修漏。

❷ 通常采用撬棍修复死坑，根据死坑的具体情况选择头部尖角型号不同的撬棍。撬棍头部顶住坑底部的最低点，也就是尖部。

❸ 死坑最凹处隆起后，再顶周边的坑，直至恢复到原始的车身表面状态。

维修提示

撬棍头部一定不要太钝，否则容易将死坑处全部顶起，这样会导致难以修复。

二、车身碰撞

1. 车身结构强度

车身材料强度等级见表2.2-1。

扫一扫

视频精讲

表 2.2-1　车身材料强度等级

钢材种类	抗拉强度/MPa	生产工艺	性能特点
软钢	< 340	以热轧板卷为原料，在常温下或再结晶温度以下将钢板进一步轧薄至目标厚度	具有良好的冲压性能、焊接性能以及较高的尺寸精度
高强度钢	340～780	由低碳低合金高强度钢经临界区处理和快速冷却获得。主要组织为碳素体+马氏体。马氏体组织以岛状弥散分布在铁素体基体上。铁素体较软，使钢材具备较好的成形性。马氏体较硬，使钢材具备较高的强度。强度随较硬的马氏体所占比例提高而增强	与传统高强度钢相比，具有更高的加工硬化率，高抗拉强度，低屈服比，高延伸率等特点。具备良好的焊接性，可以采用各种传统的焊接方法

续表

钢材种类	抗拉强度/MPa	生产工艺	性能特点
超高强度钢	≥780	由低碳低合金高强度钢经临界区处理和快速冷却获得。主要组织为碳素体＋马氏体。马氏体组织以岛状弥散分布在铁素体基体上。铁素体较软，使钢材具备较好的成形性。马氏体较硬，使钢材具备较高的强度。强度随较硬的马氏体所占比例提高而增强	与传统高强度钢相比，具有更高的加工硬化率，高抗拉强度，低屈服比，高延伸率等特点。具备良好的焊接性，可以采用各种传统的焊接方法
热成形钢	1500	将Mn（锰）和B（硼）含量高的钢板加热到奥氏体温度区间（约950℃）进行热冲压，同时在冲压膜内对冲压件进行快速冷却（淬火）获得，主要组织几乎全部为马氏体，具备较高的抗拉强度	具备较高的抗拉强度，有效提高碰撞性能，使车身轻量化
铝合金		铝是一种银白色金属，其密度约为2.7g/cm³，同样体积的钢材和铝，铝的质量仅为钢材的1/3	（1）密度小，材质轻，经济、环保，强度高 （2）板材厚、耐腐性好 （3）熔点低、韧性差、延展性差、维修费用昂贵 （4）无磁性、材质软

车身结构如图 2.2-11 所示。

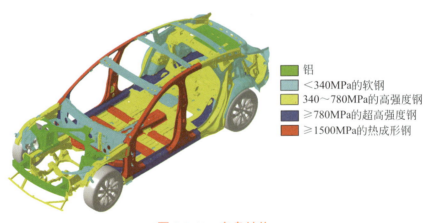

铝
＜340MPa的软钢
340～780MPa的高强度钢
≥780MPa的超高强度钢
≥1500MPa的热成形钢

图 2.2-11　车身结构

2. 碰撞路径

目前在轿车车身设计上多数采用刚柔结合的设计原理，利用吸收分解理论来缓冲撞击力，保证乘客最大限度的安全，所以当车辆受到撞击后不仅是撞击部位的变形损坏，其整个车身的多处如大梁、悬架和发动机等部件也可能产生变形。有时，有些车辆前面受到撞击，经检测发现后部也发生了变形。遇到这种情况，如果在钣金维修中只是简单地修复被撞击部位，那么必定会对车辆的正常行驶带来隐患。因此在车辆受损之后需要观察车身受损状况，弄清楚碰撞时车身如何受力，力是如何沿着车体传递的，对损伤部位和相关区域的部件进行深入分析，进行科学的诊断，才能确定所有受损部位。

检测过程中需要沿着碰撞路线系统检查相关部件的所有损伤，直到没有任何损伤痕迹以及周边区域的损坏为止。车辆碰撞受损传递部位路径示意见图 2.2-12。

图 2.2-12　车辆碰撞受损传递部位路径示意

3. 正面碰撞

（1）正面碰撞力传递路径

发动机支架负荷从前围板前部经过前围板下部支撑梁传递至两个 A 柱内和车辆另一侧。此外，还通过中间通道上的连接板在背面支撑前围板下部支撑梁。发动机支架与变速箱托架之间的连接构成了另一个负荷路径。

为了尽量减小前围板负荷和前围板向内挤压的高度，设计发动机支架时要求其按指定方式向外弯曲并形成相应的变形路径。经过车轮罩支撑梁传递至白车身的负荷分布在 A 柱上，经过车轮罩支撑梁加强件传递的负荷分布在车门槛内，这样可以降低 A 柱承受的负荷并使 A 柱后移程度降至最低。这种设计方案一方面可确保承受高碰撞负荷后车门仍然可以打开；另一方面可防止车门因碰撞负荷过高而自动打开。前部的撞击力路径见图 2.2-13。

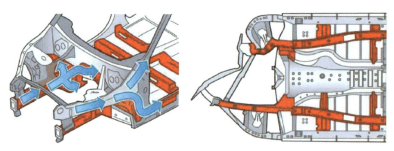

图 2.2-13　前部的撞击力路径

　　位于车辆地板下方的贯穿式纵梁对确保乘员区的稳定和坚固起到了重要作用。根据保险杠系统调整白车身结构时，要求确保保险杠系统完全吸收低速碰撞时产生的负荷。

（2）正面碰撞车身结构功能表现

　　正面碰撞车身结构功能表现见图 2.2-14；正面碰撞车身局部受到的影响见图 2.2-15。

❶ 前碰撞时，前防撞梁与前纵梁前段形成轴向压溃吸能区，吸收部分溃缩量。

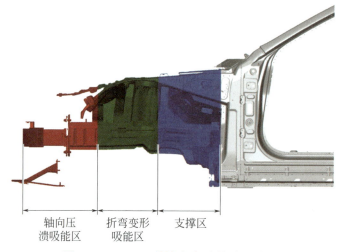

图 2.2-14　正面碰撞车身结构功能表现

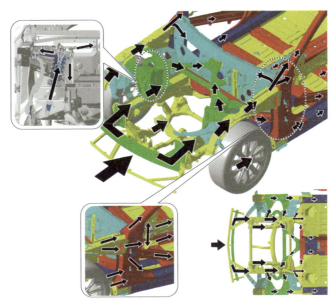

图 2.2-15　正面碰撞车身局部受到的影响

❷ 接着碰撞能量顺着前纵梁前段到达前纵梁中段和前副车架形成折弯变形吸能区。

❸ 前纵梁后段将碰撞能量引导到门槛梁和前围前横梁上,通过前地板中部布置的中通道板及纵梁吸收前围前横梁处的碰撞能量,从而形成支撑区,降低乘员舱的侵入量。

(3) 正面前碰撞情况之一(图 2.2-16)

❶ 在撞击力不是很严重的情况下,通常会造成前保险杠、散热器、冷凝器等后移,前机舱盖出现隆起变形。

❷ 正面撞击时,由于前机舱盖内层有吸能区域,铰链也比较坚固,所以会发生隆起变形,通常不会直接插入驾驶室,造成人员伤害。如果严重一点,纵梁前部将会出现损伤,前翼子板变形后移,并与前车门挤在一起,导致车门打开困难。

(4) 正面前碰撞情况之二

如果碰撞力正向作用于纵梁前端,通过前防撞梁将两侧纵梁前部刚性连接,将撞击能量分散到另一侧,从而形成多点吸收,以分散撞击能量。随着能量的传递,纵梁结构的应力部位 A、B、C 点,也会依次变形并逐步吸收撞击能量。最后能量在 C 点位置通过改变方向达到 D 点,较大的冲击力将会造成车身底板出现变形损伤。正面前碰撞纵梁结构应力部位见图 2.2-17。

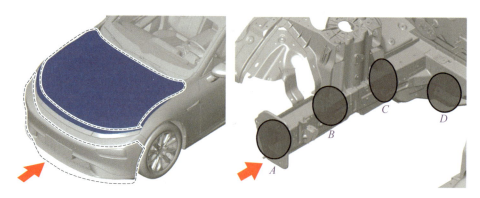

图 2.2-16　正面前碰撞情况之一

图 2.2-17　正面前碰撞情况之二
（正面前碰撞纵梁结构应力部位）

（5）正面前碰撞情况之三

❶ 当撞击力作用于车身较高部位的前塔座位置时，通过三角梁将两侧前塔座刚性连接，将撞击能量分散到另一侧，从而形成多点吸收，以分散撞击能量。应力部位 A 点、B 点会产生损伤变形并吸收一部分能量。撞击能量传导至 C 点后，因为波纹效应，会造成车顶 D 点部位的损伤，同时前塔座后移，前立柱也会发生向后倾斜变形，造成前门下沉（图 2.2-18）。

❷ 前挡风玻璃采用的是胶粘式安装，挡风玻璃与车身形成整体，分散撞击力。

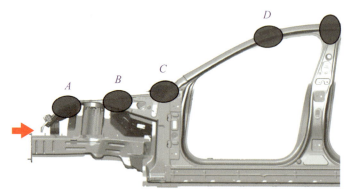

图 2.2-18　正面前碰撞情况之三
［正面前碰撞车辆受损示意部位（一）］

❸ 如果撞击力量非常大，D 点部位就会出现向上变形损伤，造成该部

位与车门的缝隙比较大。同时在惯性力的作用下,车身后部会发生上翘变形,中立柱下沉,车顶部位出现凹陷变形损伤(图 2.2-19)。

图 2.2-19　正面前碰撞情况之四
[正面前碰撞车辆受损示意部位(二)]

(6)前部车身损坏检查

❶ 前部车身框架由前围板、前纵梁、三角梁和前塔座组成。为了准确地判定受损程度,不仅需检查零部件的变形和破裂,还需彻底检查前围板和前立柱的变形程度。

❷ 仅靠目测会忽略部分重要的损伤。因此,推荐使用专业的高精度测量系统对事故车进行三维坐标测量。尤其重要的是需使用测量系统测量前塔座和左/右侧前纵梁位置,因为两者大大地影响车轮定位。测量系统必须以无损伤部件的基准点为标准(图 2.2-20 字母表示)。

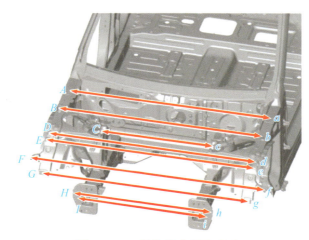

图 2.2-20　前部车身损坏检查

维修提示

装配时,需对前翼子板等板件进行损伤的检查,应注意以下几点。

❶ 前围板变形情况。

❷ 左/右前减振器塔座变形情况。

❸ 左/右侧前纵梁变形情况。

4. 侧面碰撞

(1) 侧面碰撞力传递路径

发生侧面碰撞时,白车身也有助于尽可能防止乘员受伤。为此应准确协调钢板结构与乘员保护系统的相关特性。B柱在任何测试负荷条件下都尽可能保持直立状态并以整体方式挤向车内。B柱中部承受的碰撞负荷最高。采用一种由高强度材料制造、对碰撞性能有决定性影响的B柱加强件,即通过轧制方式使B柱中间区域的壁厚明显大于顶端和底端区域。侧面碰撞力传递路径见图2.2-21~图2.2-23。

B柱发生变形以承受负荷,此后负荷通过车辆的横梁结构继续扩散。因此地板上方出现的负荷通过座椅横梁传递到车辆未受碰撞的一侧,地板下方也有不同的横梁结构执行这项功能。在车顶区域内由刚性连接的车顶框架执行这项功能,在全景天窗车型上则由带有高刚度纵梁和横梁结构的车顶系统负责。

图2.2-21 侧面碰撞力传递路径(一)

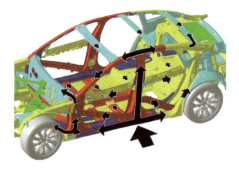
图2.2-22 侧面碰撞力传递路径(二)

(2) 侧部车身损坏检查

除了检查外观,例如车门的匹配度和完整度,还需以无损伤零部件为基准点,用测量系统测量确认以下的部件受损程度。

❶ 侧围门槛加强板变形情况。

❷ 前/中/后立柱变形情况。
❸ 顶盖横梁变形情况。
❹ 地板变形情况。

5. 后部车身损坏检查

后部碰撞力传递路径如图 2.2-24 所示。

扫一扫

视频精讲

图 2.2-23　侧面碰撞力传递路径（三）

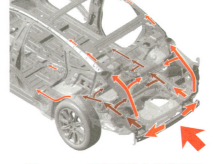

图 2.2-24　后部碰撞力传递路径

除了检查外观，例如后备厢盖和后车门的匹配度及完整度，还需以无损伤零部件为基准点，用测量系统测量确认以下部件的受损程度。

a. 检查侧面、水平面和垂直面的变形情况。

b. 后立柱和后侧围内板变形情况。

c. 后置物板变形情况。

d. 后地板变形情况。

三、车身碰撞变形修复

1. 钣金修复具备的基本条件

❶ 合理的工位布局。
❷ 指定的设备和工具。
❸ 所有的设备和工具运转良好。
❹ 正确权威的维修技术信息和参数。
❺ 有经验的维修技师，确定维修方案。

2. 车身基本工艺

（1）焊接工艺

要选择妥当的钣金维修方式，必须了解车身制造材料和车架焊接工艺。

现代汽车与传统汽车在车身制造材料、车架焊接工艺上的差别，导致维修方式发生了变化。

传统的车架式车身主要是由低碳钢或中碳钢制成，在进行焊接和切割时，应使用气动车身锯，如果使用传统的氧-乙炔切割则会对车身造成较大的破坏。

整体式车身构架通常是用高强度钢或合金材料（如铝合金）制成，在结构零件修理中需使用CO_2保护焊、惰性气体保护焊或点焊机进行焊接。

钢板厚度的变化以及车身材料合金成分的不同，在焊接方式和相关技术参数的选取上也会有所不同，这就需要熟悉车身材料以便合理进行维修。

> **维修提示**
>
> 在汽车发生碰撞损坏后，必须采用全方位拉伸的方法进行矫正，尽量不采用加热的方式，以防止金属内部结构发生改变，导致强度降低，使汽车再次发生碰撞时不能有效保护乘客。

从车架焊接工艺方面来讲，车身修复一般采用熔焊、压力焊和粘接等方式，而过去在车身修复中占主导地位的焊条弧焊和氧-乙炔气焊在现代车身修复中要谨慎采用。

❶ 焊条弧焊现仅用于车架式车身以及低碳钢车身的修复。

❷ 氧-乙炔气焊、压力电阻焊和粘接只用在一些特殊的工艺中。

（2）铝质车身焊接

对于新型的铝质车身修复焊接更是需要按规定的焊接工艺进行。在进行车身钣金焊接维修时，最佳焊接方法是不降低车身原有强度和耐久性的焊接方法，因此维修工需要熟悉整车各部分所采用的焊接工艺。

由于铝合金材料对热较敏感，如果使用传统焊接工艺连接车身部件，会存在材料强度下降的问题，而且由于受热易变形，全铝车身拼合尺寸精度也不易控制。所以，对于揽胜车型的全铝车身不使用焊接工艺，以铆接来代替点焊，并且以胶合工艺来提高各部件的连接强度（图 2.2-25 和图 2.2-26），同时胶合工艺还有助于提升车体的密封性。

3. 检查车身损伤

（1）检测损伤程度

检测损伤的过程中，需要目测碰撞的位置，确定碰撞方向及碰撞力大小，并检查可能存在的损坏。

图 2.2-25　全铝车身铆接（一）

图 2.2-26　全铝车身铆接（二）

（2）了解损伤方式和部位

对于事故中损坏的车辆，应询问事故发生时汽车的速度和撞车或翻车的部位、方向及角度，了解被撞汽车的撞击形式、位置和角度等情况，以直观的方法确定碰撞损伤的部位和可能波及的区域。

（3）全面检测

对于大型事故车，应结合试车和测量仪器对汽车进行全面检查，确认车身底板是否变形，车身是否受到整体损伤和整体扭斜，检查和确认车门开启是否自如等，以确定汽车的损坏程度和修理方式。

（4）确定受损部位

虽然车辆在被撞击损伤后，直接看到的只是外表的损伤，甚至保险定损也经常只是对损坏的部位进行评估。但是实际上撞击后的车辆并不仅是外表的损伤。

4. 受损部位测量

（1）测量前提

测量工作需要与拆卸工作结合起来进行，否则便无法准确鉴定全部损伤情况。为便于车身的维修操作和彻底检验损伤，同时避免维修操作时对被拆卸件造成不必要的损伤，要对有关部件进行拆卸。拆卸的原则是尽量避免零件的损伤和毁坏。连接件的拆卸，除用扳手外，还可以根据实际情况采用电钻、锯、錾和气割工具等。

（2）汽车主销后倾角和车轮外倾角对车辆影响

准确测量是顺利完成各种碰撞修复所必需的程序之一。测量对于成功的损伤修复之所以重要，是因为转向系统和悬架大都装配在车身上，而有的悬架则是依据装配要求设计的。汽车主销后倾角和车轮外倾角是一个固定

（不可调整）的值，因此车身损伤就会严重影响到悬架结构。

（3）转向系统影响

齿轮齿条式转向机装配到钢架上，形成与转向臂固定的联系，发动机、差速器等也被直接装配到车身构件或车身构件支承的支架（钢板或整体钢梁）上。所有这些元件的变形都会使转向机或悬架变形，或使机械元件错位，而导致转向操作失灵，传动系统的振动和噪声，连接杆端头、轮胎、齿轮齿条、常用接头或其他转向装置的过度磨损等。因此，为保证车辆正确的转向及操纵驾驶性能，关键加工尺寸的配合公差必须控制在允许范围内。

（4）测量方法及参数

拆检后的测量是判断车辆故障程度的重要方式和整修的必要前提，详细的损伤情况可用车身尺寸图相对车身上具体点的测量估测出来，车身测量见图 2.2-27。车身尺寸图中的数值是以对角线测量法为基础得出的。测量点和测量公差要通过对损伤区域的检查来确定。一般引起车门轻微下垂的前端碰撞其损伤不会扩展越过汽车的中心，因而后部的测量就没有太多的必要。在碰撞发生较严重的位置，必须进行大量的测量以保证适当的调整顺序。必须将受伤部位上的所有主要加工控制点对照原车参数进行复查，直至准确为止。

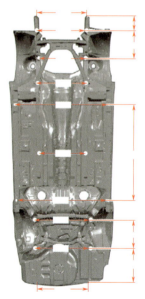

图 2.2-27 车身测量

为了做到这些，钣金技师必须准确地进行测量，多次测量和重新核实所有的测量结果。

> **维修提示**
>
> 从车身大梁定位参数方面来讲，各种车型的数据参数是整个修复工作的依据，测量、定位、拉伸和检测都是在相对数据参数的基础上开展的，没有车身大梁定位参数，就无法做好修复工作。车身设计和制造时，就是以车身基准控制点作为组焊和加工的定位基准，同时也是修复工作中测量的基准，这些基准点的偏差将直接影响汽车的各项性能。例如：前悬架支承点的偏离直接影响前轮定位角和汽车轴距尺寸。

5. 确定维修方案

（1）检查车辆损伤情况

❶ 以维修参数上的指导方法为依据，针对直接受损部位、间接受损部位及惯性效应受损部位，对车辆进行如图2.2-28～图2.2-31所示的目视、触摸、车门开关状态、测量等具体检查，然后确定具体的修复方式。

图2.2-28 目视

图2.2-29 触摸

图2.2-30 检查车门开关状态

图2.2-31 测量

❷ 根据车身各部位材料的应用情况,确定需要采用的焊接工艺。

❸ 考虑在校正拉伸过程中如何使用辅助支撑定位,以确保顺利修复。

❹ 考虑在实施焊接换件作业中如何对所需更换部件进行准确定位,以避免在焊接完毕后再对所更换的部件位置进行校正。

对车辆进行损伤诊断之后,就需要制定科学的修复方案,规范检查。

(2) 确定修复方案的原则

制定的修复方案,除了要考虑降低维修成本之外,还要综合考虑整体维修质量,比如局部拉伸时如何保证周边部位不受影响,切割和焊接时如何保证金属内部结构尽量不发生较大变化,以及使用何种钻孔、打磨工具不会对安装造成影响。

(3) 维修方案对技术人员的要求

❶ 理论知识

a. 要掌握先进、科学、高效的修理工艺。

b. 技术人员必须了解当今汽车的车架结构知识,车架对碰撞能量的吸收和传递方面的知识。

❷ 维修技能

a. 修理工要对车辆碰撞损伤程度进行确认。

b. 确定需要更换的部件。

c. 确定需要修理的部位。

d. 确定修理方式。

e. 对设备工具的选用以及各种操作规范化等方面的知识都必须熟知。

掌握以上技能,才能确保修复效果最佳化。

(4) 确定车身严重损坏的维修方案

❶ 总体修复方案

a. 当车身发生严重损坏时,车身整体损伤非常严重,或者底板严重变形,此车身整体无法修复,可按照用户需求进行整车车身的更换。

b. 在坏车上拆下全部可用的总成和零部件,对发动机等主要总成进行全面检查和修理。

c. 换用新的轿车车身总成和需要更换的全部零件,按照原厂装配工艺重新予以装配。

❷ 局部严重碰撞修复方案

a. 当车身发生碰撞时,如果损伤只发生在局部,如前后翼子板(图2.2-32)、车门(图2.2-33)、发动机舱盖或后备盖受到损伤时,可以进行车身局部更换，达到省事、省时和降低成本的目的。

图 2.2-32　车辆后部受损

图 2.2-33　车门受损

b. 拆卸损坏后的车身钣金件，可视损坏程度的轻重和车辆对修复零件的相关要求，决定重新单独修复或者报废。

❸ 车身中度损坏修复方案

a. 当车辆车身发生中度损坏，涉及车身底板发生变形，但无需全部更换车身时，先应进行车身底板校正和车身校正，再修复损坏的车身钣金件。

b. 车身底板校正全部完成，可保证车身底板的立体位置，也可保证轿车车身的总体位置，确定发动机总成和前悬架的安放位置，可恢复汽车车轮的定位角度及其他总成的定位。

c. 车身底板校正后，再进行车身钣金修理。

（5）车身侧面受到严重损伤修复方案

撞车时，车身侧面受到严重损伤，使车身的一侧发生凹陷变形。

碰撞力较大时，车身侧面变形可能由一侧传至车身底板，使车身底板发生严重变形；也可能传至顶盖，顶盖发生变形；甚至从车身底板和顶盖传至另一侧，使车身侧面凸起，应以校正的方法使其恢复原来的形状。

维修提示

当一侧门槛发生严重变形并且涉及车身底板时，应使用牵引法牵引门槛。由于一般车身 A 柱和 B 柱均采用高强度钢制成，一旦受损，必须更换车柱（图 2.2-34）。

应依照维修参数上的切割尺寸把损坏后的一段支柱用锯割或气焊方法切割下来，进行相关部位的校正，如支柱损伤，可能涉及车身顶盖和车身底板等部位的变形，首先应使大面积部位的变形得以恢复，然后才能换接上一段规则和形状完全相同的支柱。

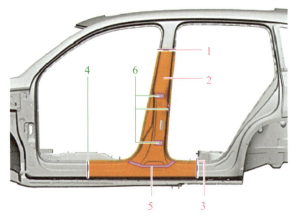

图 2.2-34　车柱

1—B 柱上部切割位置；2—B 柱；3—下边梁后部切割位置；4—下边梁前部切割位置；
5—成型泡沫塑料垫块；6—黏结区域

四、车身喷漆

1. 底漆

底漆是直接涂饰在经过表面处理的车身表面上的第一道漆，它是整个涂层的基础。底漆的作用主要是提供附着力和防腐蚀。底漆一般不具备填补车身表面缺陷的能力，但能使裸露的金属表面适合使用腻子、中涂底漆及面漆，它作为被涂表面与涂层之间的媒介层，使两者牢固结合。底漆的种类繁多，针对不同的底材要选用适当的底漆。汽车车身上的材料除钢铁外，还有铝、镀锌铁板及塑料等，正确选择合适的底漆是非常关键的，它不仅可以降低成本、方便施工，而且可以延长漆膜耐久性，充分发挥漆膜的作用，达到汽车涂装的质量要求。另外，施工方法与涂层的质量也有相当大的关系，如漆膜的厚度、均匀度、干燥程度、稀释剂的使用。施工环境（温度、湿度）、涂装表面预处理等也会影响底漆的涂装质量。

2. 中间涂层

为了保证涂层有很好的附着力、耐腐性能及良好的装饰作用，汽车涂层修补中的中涂层品种很多，分类方式也多种多样，根据组分分类，分为单组分、双组分；根据树脂种类，分为环氧、硝基、聚氨酯、丙烯酸等。

维修提示

中涂层在涂层结构（图2.2-35）中是在面漆之下的涂层，起到承上启下的重要作用，可增强涂层间的附着力，加强底涂层的封闭性和填充细微痕。

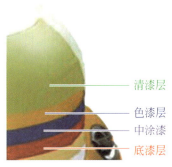

图2.2-35　涂层结构

3.腻子

（1）腻子的作用

腻子是一种以颜料、填充料、树脂催干剂调配而成的呈浆状材料，用以填平汽车车身表面凹坑、焊接缝及擦伤、锈蚀等缺陷，直至形成平整光滑的车身表面。

（2）腻子特性

汽车涂层修补中使用的腻子种类很多，根据被施工件的质量要求、表面材质以及腻子的功能进行选用。

❶ 与底漆、中涂底漆及面漆有良好配套性，不发生咬底、起皱、开裂、脱落等现象，有较强的层间黏合力。

❷ 具有良好的刮涂性能，垂直面涂装性能良好，无流淌现象，有一定韧性，附着力好，刮涂时腻子不反转，薄涂时腻子层均匀光滑。

❸ 打磨性良好。腻子层干燥后软硬适中，易打磨，不粘砂，能适应干磨或湿磨。打磨后腻子层边缘平整光滑且无接口痕迹。

❹ 干燥性能良好，能在规定时间内干燥、打磨。

❺ 形成的腻子层要有一定韧性和硬度，以防汽车行驶中的振动引起原

腻子层开裂，轻微碰撞引起低凹或划痕。

（3）成品腻子种类

❶ 聚酯腻子（原子灰）　聚酯腻子由不饱和聚酯树脂、填料、少量颜料及苯乙烯配制而成，要和固化剂调配后才能使用。由于聚酯腻子干燥速度快，受气候影响小，腻子层牢固，附着力强，不易开裂，刮涂、堆积、填充性能好，硬度高，打磨性好，表面细滑光洁，固化后收缩性小，能与多种面漆配套使用，可以大大提高喷涂作业速度和产品质量，这种腻子在汽车维修中使用最广泛。

❷ 硝基腻子　硝基腻子由硝化棉、醇酸树脂、顺酐树脂、颜料、大量体质颜料和稀料制成，干燥后易打磨，在汽车修补中，常在喷涂中涂底漆后，刮涂小的砂孔时使用。

❸ 塑性腻子　塑性腻子和其他涂料在组成上非常类似，都是由树脂、颜料和溶剂构成的。大多数腻子中含有起黏结剂作用的聚合树脂，塑性腻子也是通过化学反应硬化，腻子硬化或称凝固，其后形成一种不会收缩的结构。该化学反应实质上是一种氧化过程，如果把装有腻子的容器打开，使腻子与空气中的氧气接触的话，它就会慢慢硬化。

❹ 玻璃纤维型腻子　玻璃纤维型腻子用玻璃纤维丝代替滑石粉作填充剂，与传统的腻子相比，其韧性和强度都有很大的改善。由于这种腻子可以防水，所以能用于修补小孔、裂缝和锈穿。

涂刮车身表面腻子如图 2.2-36 所示。

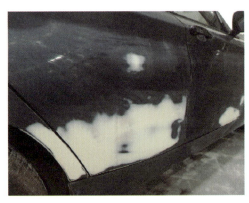

图 2.2-36　涂刮车身表面腻子

4. 面漆

汽车用面漆是汽车整个涂层中最后一层涂料，它在整个涂层中发挥着主要的装饰和保护作用，决定了涂层的耐久性能和外观等。

面漆在汽车涂层修补中使用得最多。面漆是涂于物体表面最外层涂膜，起着装饰、标识和保护物面的作用。面漆直接与各气候条件（如雨、阳光、雪、寒冷、酷暑等）及有害物质（如酸、碱、盐、二氧化硫、硫化氢等）接触，是阻挡这些侵蚀的第一层，配合底涂层起到对物面的保护作用。不同的汽车涂层要求也不同，例如轿车对装饰性的要求很高，运载油料、酸、碱等化学物品的载重汽车，对面漆耐油、耐酸、耐碱、耐化学品性的要求比装饰更高。

扫一扫

视频精讲

扫一扫

视频精讲

第三章

留在钣喷车间——学习汽车钣金喷漆

第一节　熟悉钣金和喷漆维修中相关注意事项

一、钣金维修事项

1. 车身平面尺寸

❶ 平面尺寸是指通过将某些参考点投影到某一平面上测得的尺寸。
❷ 如果没有具体说明,则标准点和尺寸相对于车辆的中心对称。
❸ 根据不同的车辆型号,假想标准线可能有所不同。
❹ 如图 3.1-1 所示,投影线在底部。

2. 车身直线尺寸

❶ 直线尺寸是指两个标准点之间的实际尺寸,如图 3.1-2 所示。
❷ 如果没有具体说明,则标准点和尺寸相对于车辆的中心对称。

第三章　留在钣喷车间——学习汽车钣金喷漆

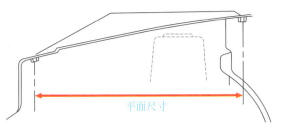

图 3.1-1　车身平面尺寸（翼子板）

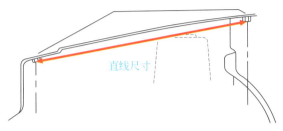

图 3.1-2　车身直线尺寸（翼子板）

3. 钣金作业防护

❶ 使用椅套和地脚垫。

❷ 使用耐热防护套，以便在焊接过程中保护玻璃部位和座椅不因受热或火花而受到损坏。

❸ 在焊接时，应使用胶带来保护诸如嵌条、装饰物及饰品等，如图 3.1-3 所示。

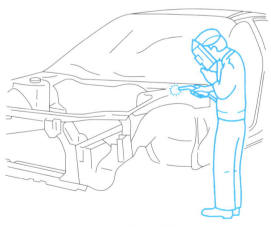

图 3.1-3　钣金作业防护

4. 防止短路

❶ 将点火开关切换至 OFF。

❷ 必须断开蓄电池导线。

❸ 将焊机的地线牢固地连接在焊接部位附近。

5. 车身测量

在拆除或粗切割之前,首先应对照标准尺寸测量车身受损部位及其周围的尺寸。如果存在变形,则应使用车架维修设备,进行初步校正。

6. 防止车身变形

如图 3.1-4 所示,使用夹具或支撑器在粗切割位置及其周围进行拆卸和加固,以免车身变形。

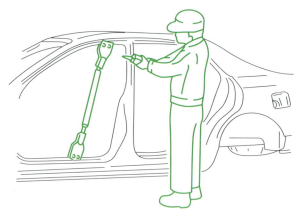

图 3.1-4　防止车身变形(使用支撑器作业)

7. 切割与接合位置的选择

对于不可能全部更换的部件,应小心地执行切割和接合操作。如果切割的位置是一个平面区域并且没有加强件,那么所选定的切割位置应是焊接变形最小的地方。

8. 受损板件的粗切割

❶ 确认在板件的周围或对侧没有任何可能会因受热而损坏的零部件,例如管道、软管和线束等。

❷ 对于切割与接合位置,允许重叠 30～50mm,然后再对受损的板件进行粗切割,如图 3.1-5 所示。

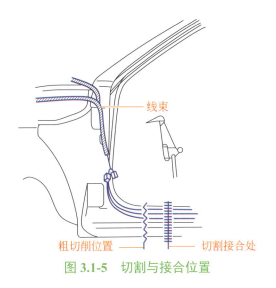

图 3.1-5 切割与接合位置

9. 焊接说明

(1) 焊点

焊接时,焊点数量应按如图 3.1-6 所示的参考标准进行选取。

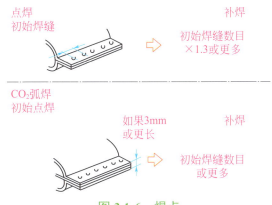

图 3.1-6 焊点

(2) 点焊调整

❶ 如图 3.1-7 所示,点焊机焊嘴的直径应为 $D=2t+3$。如果上板的厚度 t 与下板的厚度不同,则应按照较厚的板进行调整。

❷ 由于焊接强度会受到点焊机焊嘴形状的影响,因此一定要保持焊嘴的最佳状态。

❸ 应在原始焊接点以外的位置进行点焊。

❹ 在进行点焊之前，使用与车身板相同的材料进行试焊，以检查焊接强度（图 3.1-8）。

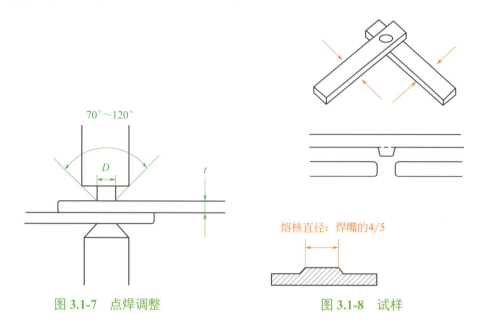

图 3.1-7　点焊调整　　　　　图 3.1-8　试样

二、喷漆作业事项

1. 安全常识

❶ 上岗前穿戴好劳动防护用品，熟悉喷漆岗位操作技能。

❷ 喷漆工要进行必要的消防常识和岗位防火知识了解，全面了解油漆和各种稀释剂的成分、性能、火灾危险性，掌握安全保管和使用的方法。

2. 漆料管理

要为安全储存油漆、涂料创造良好条件，油漆仓库要采用非燃材料；库房位置的设定要远离明火作业点、高压线和施工工程；库内要专人负责；采取防火、防爆、通风、降温等措施，防止出现鼓桶、喷溅事故。仓库保管人员应对油漆仓库的安全负责，定时对仓库进行通风。

油漆调漆房的油漆和稀释剂用完，应选择安全地点妥善摆放，盖好桶盖，防止挥发遇火燃烧。油漆作业场地和调漆房必须经常打扫，随时清除漆垢、干残渣和可燃物。

3. 施工事项

施工过程中注意防火，现场施工人员应对施工环境有充分的了解，有火灾出现能及时有效地进行灭火，防止爆炸事件的出现。在油漆使用过程中，尽量避免敲打、碰撞、冲击、摩擦等动作，防止产生火花，引起燃烧。施工现场，应保持良好通风，避免空气中可燃液体的蒸气浓度过高，而达到爆炸下限。

喷漆工人应该穿着防静电服进行作业。必须配备足够数量的灭火器材，一旦发生火灾应及时扑救。施工场地严禁吸烟，并有各种有关防火的醒目标志，不准携带火柴、打火机和其他火种进入施工场所。在使用油漆场所违章吸烟或使用打火机，冬季在油漆作业中违章使用火炉取暖或是提高油漆作业场所的环境温度，加快油漆干燥速度，容易引起火灾。

施工场所的设备要符合安全规定，各种电气设备，如照明灯、电机、电气开关等都应防爆。喷漆设备没有静电接地装置或在静电喷漆中喷枪距涂漆太近，会产生静电火花而引燃喷漆，发生火灾。

喷涂时，如发现喷枪出漆不匀，严禁对着喷嘴察看，可调整出气嘴和出漆嘴之间的距离来解决。最好在施工前用水代替喷漆进行试喷，无问题后再正式进行。

作业时使用易燃液体作溶剂时，特别是采用硝基清漆和香蕉水等稀释剂时，容易产生大量可燃蒸气，并与空气混合形成爆炸性混合物，若通风不好，遇到明火或火星会发生爆燃或爆炸。

4. 现场管理

要妥善保管沾有油漆的布、棉纱、手套、工作服等易燃材料，若保管不好，在通风不良时，长时间氧化发热积聚，达到自燃点，会发生自燃。硝基清漆在有机溶剂挥发完全之后，留下的干硝化棉残渣，如果不经常打扫清除，也会引起燃烧。

擦拭油漆的棉丝、破布等物品应集中妥善存放在有清水的密闭桶中，避免引起火灾。

沾有油漆的棉纱、抹布应每天清除，不能乱丢，应放入加有清水的金属箱内加盖密闭。沾有油漆的工作服应挂在固定通风的地方，工作服内不能装沾漆的棉纱等，以防自燃。调漆房、烘烤房、仓库必须配备足够数量的灭火装置，如干粉灭火器。

第二节 熟练使用钣金维修工具和设备

一、日常维修工具

钣金整形维修工具包括各种锤子、垫铁、匙形铁、拉拔锤、车身锉、划线工具、折边工具、放边工具、拔缘工具等。使用较为频繁的工具有各种锤类、垫铁及修平刀等。根据作业部位和个人习惯，可自制一些工具，以满足面板修复需要。

1. 球头锤

球头锤（图 3.2-1）是钣金整形维修的多用途工具，用于校正弯曲结构，一般用于作业初成形车身部件。

图 3.2-1 球头锤

2. 铁锤

铁锤（图 3.2-2）主要用于钢板原始损坏的粗校正，使损坏部位大致恢复到原形，对于小范围内的凹陷或凸起，可使用精修锤进行精细修整。

图 3.2-2 铁锤

在使用铁锤时，锤击力量的大小与锤子的重量和手臂提供给它的速度有关，锤子的重量增加一倍，锤击能量增加一倍，而锤击速度增加一倍，锤击能量增加四倍。

车身面板整形时，主要利用手腕运动进行挥锤，称为腕挥，这种挥锤方法锤击力较小;用手腕与肘部一起挥动击锤,称为肘挥,锤击力较大;手腕、肘与全臂一起挥动的方法称为臂挥,这时锤击力最大。

> **维修提示**
>
> ❶ 使用前确保锤柄安装牢固,切记不要使用松动或锤柄损坏的锤子,以免锤头脱落造成事故。
> ❷ 使用尺寸和重量合适的锤子进行作业。
> ❸ 锤面出现过度磨损、碎裂或蘑菇头等,应进行修整或更换,以免损坏钢板或产生的飞溅物造成人员损伤。
> ❹ 锤击时锤面应平行于面板,避免用力不匀或用锤角敲打。
> ❺ 在敲打冲头、錾子等工具时,锤面应按比例大于这些工具的头部。
> ❻ 锤把保持干净,不应沾有油污或砂粒,防止滑落。

3. 橡胶锤

橡胶锤(图 3.2-3)用于柔和地敲击薄钢板,尽可能不损坏油漆表面。

图 3.2-3　橡胶锤

橡胶锤弹性较大,不会破坏油漆层,适合于虚敲作业,也适合在拉伸的同时,对钢板应力部位进行弹性敲击以消除应力。

4. 镐锤

镐锤(图 3.2-4)也叫尖嘴锤,它可以维修小的凹陷,其尖端用于将凹陷从内部锤出,对中心部位柔和地轻打即可,其平端与顶铁配合作业用于去除高点和波纹。

镐锤用于凹陷板面的初始校正,或加工内部板和加强相关部位。这种情况需要较大的力量,而不要求光洁的表面。

图 3.2-4　镐锤

5. 匙形铁

如图 3.2-5 所示，钣金维修的匙形铁也称勺匙、修平刀、撬板。通常由碳钢制成，耐久性较好，并能抵抗弯曲和变形，有各种形状和尺寸，以满足不同形状面板的使用要求。可以作为锤或顶铁使用，也可用于在狭小的空间内，利用杠杆原理将凹陷撬出。

6. 垫铁

如图 3.2-6 所示的垫铁也叫顶铁，通常顶在锤敲击金属板的背面，用锤和顶铁一起作业使高起的部位下降，使低凹部位上升。

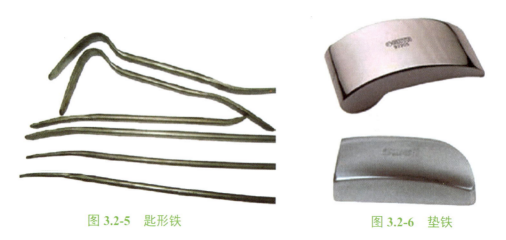

图 3.2-5　匙形铁　　　　　　　图 3.2-6　垫铁

二、整形设备

1. 整形修复机

整形修复机（图 3.2-7）为电阻焊的一种。它是利用电极头上夹持的各种附件与钢板接触，通过大电流，使接触部位产生电阻热，获取与需求相对应的各种功能。

整形修复机适合对一些内部无法触及的钢板损伤部位进行修整，修复时只需通过一定的焊接方式，将钢板凹陷部位从外部拉出即可，与传统的手工作业相比有无法比拟的优势。

整形修复机的作业简单、实用、快捷、工作效率较高，其对损伤部位定点校准，很少会造成钢板延展。由于焊接时的热影响，对已产生延展的钢板还具有收缩作用，即使一些只需拆卸极少零部件即可触及内部的损伤钢板，很多时候也是采用整形修复机进行作业。

2. 二氧化碳气体保护焊

（1）焊接原理

二氧化碳气体保护焊（简称 CO_2 焊，图 3.2-8）是以二氧化碳气为保护气体进行焊接的方法。在应用方面操作简单，适合自动焊和全方位焊接。在焊接时不能有风，适合室内作业。

图 3.2-7　整形修复机

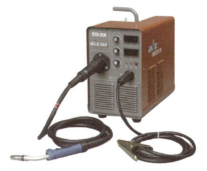

图 3.2-8　二氧化碳气体保护焊

由于所用保护气体价格低廉，采用短路过渡时焊缝成形良好，加上使用含脱氧剂的焊丝即可获得无内部缺陷的高质量焊接接头，因此这种焊接方法在汽车钣金维修中已成为非常重要的焊接方法之一。

（2）二氧化碳气体保护焊类型（表 3.2-1）

表 3.2-1　二氧化碳气体保护焊类型

分类	特点
按机械化程度	可分为自动化和半自动化
按焊丝直径	可分为细丝（1.0～1.2mm）、中丝（1.2～1.4mm）和粗丝（1.4～1.6mm）
按焊丝分类	可分为药芯和实心焊丝两种

（3）焊接工艺特点

CO_2 焊的工艺参数有焊接电流、焊丝伸出长度、气体流量等，在其采用短路过渡焊接时还包括短路电流峰值和短路电流上升速度。

❶ 焊接电流　依据焊件厚度、材质、施焊位置及要求的过渡形式来选择焊接电流的大小。电流和电压表上的数值是其有效值，而不是瞬时值，一定的焊丝直径具有一定的电流调节范围。

❷ 焊丝伸出长度　焊丝伸出长度是指导电嘴端面至工件的距离。CO_2 焊选用的焊丝较细，焊接电流流经此段所产生的电阻热对焊接过程有很大影响。生产经验表明，合适的伸出长度应为焊丝直径的 10～20 倍，一般为 5～15mm。

❸ 气体流量　气体流量：小电流时，气体流量通常为 5～15L/min；大电流时，气体流量通常为 10～20L/min，并不是流量越大保护效果越好。气体流量过大时，由于保护气流的紊流度增大，反而会把外界空气卷入焊接区。

❹ 电源极性　CO_2 焊一般都采用直流反接，飞溅小，电弧稳定，成形好。

3.等离子切割机

（1）工作原理

等离子是加热到极高温度并被高度电离的气体，它将电弧功率将转移到工件上，高热量使工件熔化并被吹掉，形成等离子弧切割的工作状态。

压缩空气进入割炬后由气室分配成两路，即形成等离子气体及辅助气体。等离子气体起熔化金属的作用，而辅助气体则冷却割炬的各个部件并吹掉已熔化的金属。

❶ 气体分配　使用的单一气体在内部被分解成等离子气体和保护气体。等离子气体经负极导线流入割枪，穿过引导电弧点燃卡座，绕过电极，最后

从割嘴口流出。保护气体围绕引导电弧点燃卡座的外部向外流动,从割嘴和保护杯间流出。

❷ 引导电弧　割枪启动时在电极和割嘴间生成引导电弧。引导电弧生成一条路径,主切割电弧通过该路径传导至工件。

❸ 主切割电弧　主切割电弧也使用直流电。负极输出通过割枪导线和割枪电极连接。正极输出通过工作电缆和工件连接,通过引弧线缆和割枪连接。

（2）等离子切割机割枪

如图 3.2-9 所示,在等离子切割机割枪内惰性气体进入图示 B 区,在 B 区电极和割枪割嘴间的引导电弧对该惰性气体进行加热并使之离子化,然后主切割电弧通过 C 区等离子气柱传导至工件。

等离子切割割枪将等离子气体和电弧从狭小的割嘴口推过,从而将高热集中传导至小范围区域。强收缩等离子电弧在图示 C 区呈现。等离子切割使用直流电。

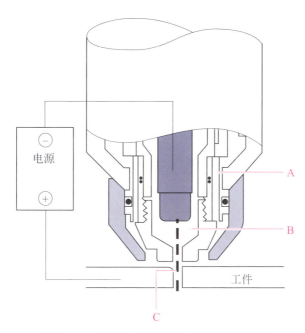

图 3.2-9　离子切割机割枪（标准割枪头）

A 区为用于割枪冷却的保护气体提供传输通道。保护气体同时帮助高速等离子气体将熔化金属从切口处吹走,从而达到快速、无切渣残留的切割效果。

(3）等离子切割机手动割枪操作

❶ 用一只手即可轻松握住割枪，用双手则可使割枪稳固就位。先将手放稳，再用手推动割枪手柄上的开关。操作人员的手应靠近割枪头放置，以达到最佳控制效果，或靠近割枪后端放置，以确保热保护。应选用最舒适的握枪方式，确保对割枪的控制和移动效果。

维修提示

除非是接触式切割操作，否则千万勿使割嘴接触到工件。

❷ 根据具体的切割方式，选择以下其中一项操作。

a. 如是边缘起弧，应使割枪垂直于工件握住，割嘴前部置于工件边缘切割起始点处。

b. 如是非接触式切割，如图 3.2-10 所示，应使割枪距离工件 3～9mm。

❸ 勿使割枪接触身体。

❹ 朝割枪手柄后部方向推动开关松开按钮（图 3.2-11），同时按住开关，即可启动引导电弧。

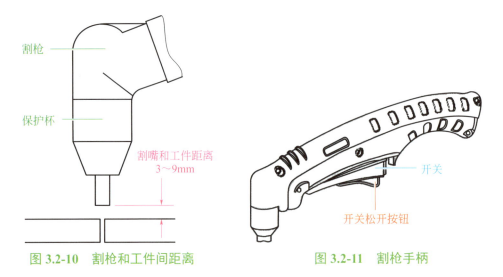

图 3.2-10　割枪和工件间距离　　　图 3.2-11　割枪手柄

❺ 将割枪移至电弧可传导范围，主电弧即可传导至工件，引导电弧即将关闭。

❻ 照常切割，停止切割只需松开开关组件（图 3.2-12）。

> **维修提示**
>
> 正确安装保护杯后,保护杯和割枪手柄之间应有微小的间隙,正常操作过程中气体通过此间隙排出。不要按压保护杯缩小此间隙,向割枪头或割枪手柄方向推压保护杯会对割枪元件造成损坏。

❼ 为保持一定的割嘴和工件间距离,可安装一个间距导向器,安装间距导向器时只需将其推到割枪保护杯上固定即可。导向器支脚应位于保护杯杯体侧面,以确保切割电弧良好的可见性。操作过程中,导向器的支脚应放置于工件上(图 3.2-13)。

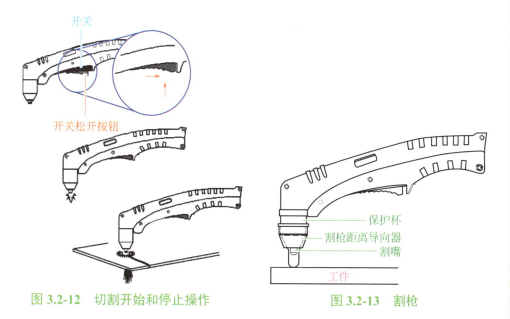

图 3.2-12　切割开始和停止操作　　　　图 3.2-13　割枪

4. 电阻点焊机

车身的板件损坏后需要更换,新旧板件需要使用焊接来进行连接,焊接后板件要保证足够的强度。传统维修使用氧乙炔焊接,由于现代车身大量采用了高强度钢板和超高强度钢板,氧乙炔焊接或切割过程中产生的大量热量会破坏钢板内部结构,降低钢板的强度,导致车身强度下降,车身碰撞安全性降低。

电阻点焊机能够保证每个焊点的焊接强度一致,而且在焊接中产生的热量少，对高强度钢板和超高强度钢板的强度没有影响。电阻点焊机见图 3.2-14。

图 3.2-14 电阻点焊机

大功率电阻点焊机的特点：

❶ 功率大，焊接电流大，对于车身各种钢板都可以进行高质量焊接；

❷ 采用水冷降温，可以连续焊接 100 个焊点；

❸ 操作简便，最大限度保证了车身维修后的安全性，同时也提高了维修效率。

维修提示

不允许在车身维修中使用氧乙炔焊接，取代它的是气体保护焊和电阻点焊机。

5. 铝焊机

（1）功能

汽车上许多的板件采用铝来制造，与钢板相比，铝板的修理难度更大。铝比钢柔软，铝在受到加工硬化之后，更难以加工成形，铝被加热容易变形。铝制车身及车构件的厚度通常是钢件的 1.5 ～ 2.0 倍。

铝焊机采用低电压、大电流电能,将电能通过电弧瞬间转换为热能,采用高纯度氩气作为焊接时的保护气体,避免焊接时产生气孔、杂质,同时交流氩弧焊和 MIG 气保焊均具有一定的阴极清理功能,可以直接去除铝及铝合金上的氧化膜。

(2)特点

铝焊机体积小,操作简单,使用方便,焊接效率高,焊缝成形好,熔深大,能焊透铝及铝合金板,达到优质的结合效果,且焊接强度与母材同等,密封性好。

(3)操作事项

❶ 铝焊机在使用过程中会产生弧光,弧光中含有红外线、紫外线。

❷ 铝焊机在使用过程中会产生金属蒸气和烟尘等有害物质,钨极氩弧焊中的钨棒含有少量放射性元素,所以必须做足防护措施。

❸ 由于采用氩气作为保护气体,不宜在有风的焊接场操作。

6. 电子车身测量系统

主要功能如下。

❶ 任意空间点三维坐标的测量。

电子测量系统可以测量车身任一点的三维参数和零部件。通过三维参数可以很清楚地判断该点的变形情况,提供了重要的维修依据。测量底盘车身各点准确的数据见图 3.2-15。

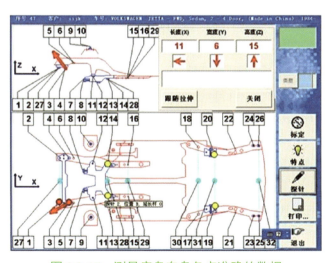

图 3.2-15 测量底盘车身各点准确的数据

❷ 空间两个点的直线距离检测。

❸ 空间两条线夹角的检测。

❹ 空间两个平面夹角的检测。

❺ 可以对底盘车身各点进行准确的三维数据测量，并自动与原厂车身数据进行对比，明确误差。

❻ 可以诊断测量机械零配件，如元宝梁、减振器、轮毂、摆臂等。使用电子车身测量系统可以很容易地对配件进行检验，可以准确地确定故障部件确定。

❼ 在车身修复过程中为钣金工提供底盘车身各点准确的数据测量，并自动与出厂时车身数据进行对比，以保证修复后事故车的车身数据与标准参数一致，提高车身修复的精度。

维修技师通过计算机显示的拉伸数据可以准确地断定拉伸的方向及拉伸的尺寸和力度，通过同步检测显示，时时监控拉伸方位和拉伸尺寸，可以更简单明了地帮助维修工控制拉伸方向和拉伸力度。

7. 大梁校正仪

（1）设备组件

大梁校正仪主要由各种夹具、台架、举升装置、拉伸装置及动力系统等组成，如图 3.2-16 所示。几种大梁校正仪见图 3.2-17。

图 3.2-16　大梁校正仪及组件

（2）特点

❶ 配有电控液压举升装置，方便举升。

❷ 配有多方位拉伸系统。拉塔可以通过气动锁锁定在环形轨道 360°的任意位置，拉伸无死角。

❸ 占据空间小，配有移动脚轮可自由移动。可以做到向上、向下的拉伸校正及修复工作。

❹ 滑动系统可以保证定位夹具在校正台上的任何一点组成底盘模型，

并且轻松做到检测、维修、固定同时完成。

图 3.2-17　几种大梁校正仪

❺ 为了便于组件快速定位、测量和检测，配有测量系统，通过可快速固定在大梁上的门式测量尺，不仅可测量减振器上的点，也可以测量车身内外部各点。

❻ 对各种车型和各种状态的事故车进行全面、快速、精确的修复（图 3.2-18）。

图 3.2-18　采用大梁校正仪维修车辆

（3）大梁校正仪基本操作

❶ 把故障车辆牵引到工作台上（图 3.2-19）。

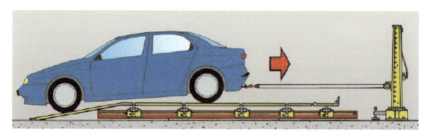

图 3.2-19　大梁校正仪基本操作（一）

❷ 用夹具固定好车辆（图 3.2-20）。

❸ 双拉塔横支臂将车支住，下降校正台可移走上车导板（图 3.2-21）。

图 3.2-20　大梁校正仪基本操作（二）

❹ 根据故障车维修需要，可向上拉伸（图 3.2-22）。

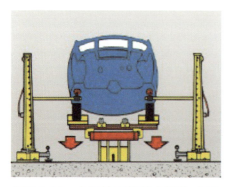 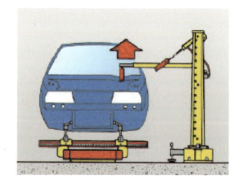

图 3.2-21　大梁校正仪基本操作（三）　　图 3.2-22　大梁校正仪基本操作（四）

❺ 根据故障车维修需要，可向下拉伸（图 3.2-23）。

❻ 根据故障车维修需要，可三向多点拉伸（图 3.2-24）。

8. 拉拔锤

拉拔锤（图 3.2-25）也称滑锤、游锤、撞锤、车身拉拔器，配有各种附件。通过更换附件可拉拔轮弧部位、钢板工艺孔、螺栓孔、凸缘等部位，适合于较小程度的损伤。现在车身面板维修工艺中，一般不对损坏部位进行打孔拉拔。

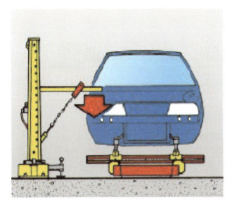

图 3.2-23　大梁校正仪基本操作（五）

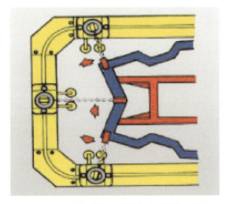

图 3.2-24　大梁校正仪基本操作（六）

图 3.2-25　拉拔锤

第三节　熟悉喷涂工具和设备

一、打磨工具

钣金整形时，研磨的部位包括损伤部位的油漆、收火痕迹、整形机作业后的焊点等。常用工具主要有单动作和双动作研磨机，不易触及或凹陷较深的部位也可使用皮带式打磨机、尖锐工具轻轻划去油漆层，对于较深的褶痕部位应先消除应力，逐渐展开后再去除油漆。研磨时应将研磨机轻轻压在钢板上，感觉稍有阻力即可。在采用角磨机上安装平面布砂轮打磨油漆时，应当小心谨慎，避免钢板变薄或磨穿。研磨工具如图 3.3-1 所示。

图 3.3-1　研磨工具

移动式无尘干磨机可满足单工位打磨集尘工作，设有微电脑控制系统，研磨工具工作时自动启动集尘装置，研磨工具关闭时自动关闭集尘装置。关闭微电脑控制可作吸尘器使用。

二、喷枪

1. 喷枪类型

喷枪是按照涂料供给方式、涂料喷嘴口径、空气使用量、喷雾图形等的差别来划分的。按照涂料供给方式，喷枪分为吸上式、重力式和压送式三种。

（1）吸上式喷枪（图 3.3-2）

吸上式喷枪的原理是利用高速气流令喷枪局部形成真空，产生的吸力把油漆从壶中吸到喷嘴加以雾化喷出，主要做大面积喷涂，好处是油漆的雾化较佳，可以达到漆膜的厚度及光泽度要求。

吸上式喷枪的涂料罐位于喷枪的下部，涂料喷嘴一般较空气帽的中心孔稍向前凸出，压缩空气从空气帽中心孔，即涂料喷嘴的周围喷出，在涂料喷嘴的前端形成负压，将涂料从涂料罐内吸出并雾化。吸上式喷枪的涂料喷出量受涂料黏度和密度的影响较明显，而且与涂料喷嘴的口径有密切关系。吸上式喷枪适用于一般非连续性喷涂作业场合。

（2）重力式喷枪（图 3.3-3）

重力式喷枪利用重力把油漆从上面的壶中引至下面的喷嘴，再用风力加以雾化喷出，以前的设计是针对小面积修补用，现在已发展至全面喷涂，好处是做小面积修补时可节省油漆。

图 3.3-2　吸上式喷枪

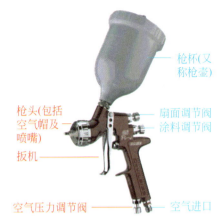

图 3.3-3　重力式喷枪

重力式喷枪的涂料罐位于喷枪的上部，涂料靠自身的重力与涂料喷嘴前端形成的负压作用从涂料喷嘴喷出，并与空气混合雾化。重力式喷枪的基本构造与吸上式喷枪相同，但在相同喷涂条件下，涂料喷出量比吸上式喷枪大。

重力式喷枪用于涂料用量少与换色频繁的喷涂作业场合。当涂料用量多时，可另设高位涂料罐，用胶管与喷枪连接。在这种场合，可通过改变涂料罐的高度调整涂料喷出量。

（3）压送式喷枪（图 3.3-4）

压送式喷枪是从另设的涂料增压罐（或涂料泵）供给涂料，提高增压罐的压力可同时向几支喷枪供给涂料。这种喷枪的涂料喷嘴与空气帽心孔位于同一平面，或较空气帽中心孔向内稍凹，在涂料喷嘴前端不必形成负压。压送式喷枪适用于涂料用量多且连续喷涂的作业场合。

2. 喷枪结构

典型喷枪的主要零件包括空气帽、喷嘴、扳机、涂料针阀、扇面调节阀、涂料调节阀和空气开关弹簧等（图 3.3-5）。

（1）喷枪的前部构造（图 3.3-6）

喷枪的前置装配组件是指在喷嘴后面的三个部件，包括白色的密封垫圈、铝制的导流环垫片以及空气导流环。

空气导流环分配空气至风帽，并且保障喷涂图案均匀而平稳，它是由硬度非常高的阳极氧化铝制造的，可以单独拆下进行清洗和更换。

（2）空气帽（图 3.3-7）

空气帽把压缩空气流吸上来的油漆雾化并形成一定的喷幅。空气帽上的喷孔有三种，即中心孔、调节孔和辅助孔。

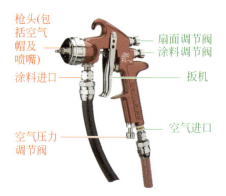

图3.3-4 压送式喷枪

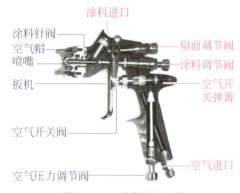

图3.3-5 喷枪的组成

图3.3-6 喷枪的前部构造

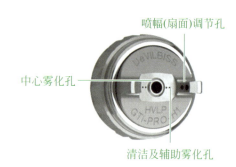

图3.3-7 空气帽

❶ 中心孔　中心孔用于在喷嘴处产生真空以喷出涂料。

❷ 调节孔　调节孔利用压缩空气的大小来调节喷幅，还可以通过旋转空气帽到不同的角度以改变喷幅的方向。

❸ 辅助孔　辅助孔用于使涂料雾化更精细并且保持空气帽的清洁。

（3）喷嘴（图3.3-8）

喷嘴由高级不锈钢材料制成，与风帽一起完成对喷枪雾化扇面的控制。它的口径用毫米表示，不同口径的喷嘴拥有不同的油漆吐出量。

现代通常喷嘴采用"自由呼吸"的空气动力学技术并配合流体动力学工艺设计，可自动维持精确的空气和涂料比率，风量、漆量控制更为精确。

第三章　留在钣喷车间——学习汽车钣金喷漆

图 3.3-8　喷嘴

（4）枪针（图 3.3-9）

枪针由高级不锈钢制成，与喷嘴一起完成对喷枪流体的控制。

(a) 枪针被扳机牵引前后移动以控制涂料的吐出量

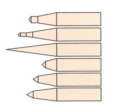

(b) 不同类型的枪针外形结构

(c) 枪针调节组件

图 3.3-9　枪针

3. 喷枪的使用操作

（1）连接气源（图 3.3-10）

扫一扫

视频精讲

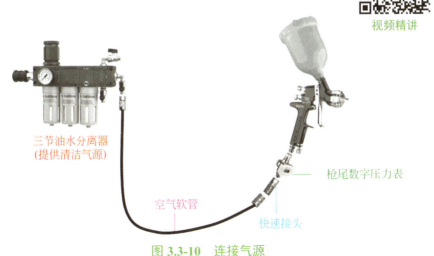

图 3.3-10　连接气源

55

操作方法：使用专用的空气软管连接油水分离器的空气出口以及喷枪的空气进口，为了更好地调整气压，建议安装气压调节表。

（2）装入涂料

❶ 根据涂料制造商的说明混合涂料。

❷ 打开壶盖，根据实际需要，可将过滤网安装在枪壶中，或与纸质过滤器一起使用漏斗来过滤涂料。

❸ 将准备好的涂料倒入枪壶中，涂料深度不要超过 7cm。

❹ 盖上壶盖。

虹吸式喷枪装入涂料：

❶ 根据涂料制造商的说明混合涂料并过滤；

❷ 打开壶盖，将准备好的涂料倒入枪壶中，涂料深度不要超过 12cm；

❸ 盖上壶盖；

❹ 将枪壶安装在喷枪的进液口处，并确保固定壶盖的拨片位于空气帽的正下方。

压送式喷枪装入涂料：

❶ 根据涂料制造商的说明混合涂料并过滤；

❷ 打开压力罐壶盖，将准备好的涂料倒入罐中，然后盖上壶盖；

❸ 使用专用的涂料软管连接涂料罐的涂料出口以及喷枪的涂料进口。

（3）调整喷枪

以下初始调整喷枪启用操作流程适用于重力式、虹吸式和压送式喷枪。

❶ 将涂料调节阀按顺时针方向旋至尽头，以防止枪针移动。

❷ 将扇面调节阀按逆时针方向旋至尽头，将阀门完全打开。

❸ 扣紧喷枪扳机，调节进气气压至 2.0bar（1bar=10^5Pa，下同）。

❹ 逆时针旋转涂料调节阀，直到第一圈螺纹露出。

喷枪调整阀如图 3.3-11 所示。

4. 喷枪的维护及保养

（1）喷枪的维护

❶ 操作之前以及清洗或维修工作之后，必须确保所有部件都已紧固。

图 3.3-11　喷枪调整阀

❷ 在安装空气软管之前，须确保喷枪手柄下部的空气接口洁净。

❸ 气源必须使用干燥无尘的普通压缩空气，严禁使用氧气和任何易燃气体，以免造成意外伤害。

❹ 要使用说明书规定的气压，绝对不可超过规定的气压，以免引起爆炸。例如，特威喷枪标准的喷涂气压为2bar。

❺ 每次工作完毕，一定要将空气管与工具分开。

❻ 当多支喷枪共用一个压缩机时，压缩机的容量一定要与之匹配，否则将造成气压不足，影响喷涂效果。

❼ 每次使用完后应立即用常用稀释剂仔细清洗喷枪及其附件。

❽ 不要把整支喷枪长时间浸泡在清洗液中，这样会使密封圈硬化，并破坏润滑效果。

❾ 在使用喷枪时，不要佩戴戒指、项链或手链等装饰物品。

❿ 在任何情形之下，都不可拉扯空气软管来移动被连接的工具或设备。

⓫ 不可任意改变工具原有的设计、结构及功能组合。

⓬ 当发现工具漏气的时候，绝不要使用它。

⓭ 要时常清理工作区域，避免由于场地环境不干净引起的人身伤害。

（2）喷枪的保养

❶ 为防止液体喷嘴或枪针损坏，务必在安装或卸下液体喷嘴时扣紧扳机，或卸下涂料调节阀以解除弹簧对枪针的压力。

❷ 重力式枪壶采用特殊抗静电材料做成，但仍要避免产生静电。

❸ 枪壶不能使用干布或纸进行清洁和擦拭。擦拭壶身可能产生静电，如果向某一接地的物体放电，可能产生易燃的火花，导致溶剂蒸气燃烧。如果需要在危险区域进行手工清洁，只能使用湿布或抗静电抹布。

❹ 清洁涂料通道时，应将枪壶中多余的涂料倒出，然后用喷枪清洗溶液进行清洗。

❺ 用湿布擦拭喷枪外表，切勿将喷枪完全浸入任何溶剂或清洗液中，因为这会损坏喷枪的润滑剂，从而缩短其使用寿命。

喷枪部件的润滑：喷枪需要润滑的部件有扳机转轴螺栓、枪针调整螺栓、枪针密封堵头和主空气阀门（图3.3-12）。

❶ 扳机转轴螺栓　在螺栓的两面上均滴一滴润滑油，然后扣动扳机将润滑油送入转轴。

❷ 枪针调整螺栓　在螺栓上滴一滴润滑油以帮助转动。

❸ 枪针密封堵头　在针管上滴一滴润滑油，然后反复扣动扳机以将润

滑油送入密封堵头。

❹ 主空气阀门 在阀门轴上滴一滴润滑油,然后反复扣动扳机以将润滑油送入阀门密封圈。

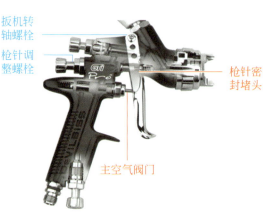

扫一扫

视频精讲

图 3.3-12 喷枪需要润滑的部件

5. 喷枪常见故障(表 3.3-1)

表 3.3-1 喷枪常见故障

故障部位	故障现象	故障原因	解决办法
喷嘴	不出油漆	喷枪无压缩空气进入	检查供气管
		枪针调节钮开启不足	按标准调整枪针旋钮
		涂料黏度太大	按油漆标准配方稀释
	停止扣动扳机后喷枪喷嘴处有油漆吐出	枪针喷嘴不匹配	按标准配备正确的枪嘴与枪针
		枪针磨损过大	更换新枪针
		喷嘴磨损过大	更换新喷嘴
	未扣动扳机时空气帽漏气	主空气阀沾污及底座放置不正确	拆下主空气阀,清洁阀轴和扳机部分密封圈
		主空气阀密封圈过大	更换新密封圈
	空气帽内积漆,开枪时有漆滴飞溅	喷嘴在枪头安装不正确	按标准安装喷嘴
		空气帽孔被堵塞	彻底清洁空气帽
喷嘴/枪针	漆从枪嘴和枪针处渗漏	喷嘴内部底座有划痕、损伤或磨损	更换新喷嘴
		枪针外部损坏或磨损	更换新枪针
		枪针或喷嘴交合处不清洁导致不能密封	彻底清洁
		喷嘴和枪针不配套	按标准配备喷嘴或枪针

续表

故障部位	故障现象	故障原因	解决办法
喷嘴／枪针	漆从枪嘴和枪针处渗漏	枪针不清洁	清洁润滑枪针
		枪针密封堵头不清洁	拆下密封堵头，清洁干净
	枪嘴积漆	喷嘴安装不正确	按标准安装
		枪针／喷嘴泄漏	更换新密封堵头
	空气帽积漆	空气帽孔损坏	更换新空气帽
		反弹回来的油漆在枪头逐渐堆积，造成空气帽孔堵塞	彻底清洁空气帽
涂料针阀	油漆从枪针密封堵头处慢慢渗漏	枪针密封堵头磨损或松动	按要求拧紧或更换新密封堵头
		枪针磨损	更换新枪针
空气开关（空气阀）	扣动或松开扳机时空气阀动作缓慢	空气阀根部弯曲	更换损坏的部件
		空气阀根部不清洁	拆下并清洁
	空气阀根部四周有空气泄漏	空气阀内部密封圈磨损或丢失	更换新密封圈
	当扣动扳机时空气阀不工作（空气阀根部不能全部插入阀体内）	空气阀根部弯曲	拆下空气阀并更换损坏的空气阀根部
		空气阀根部不清洁	拆下空气阀并清洁
喷枪扳机	扳机扣动不灵活	固定扳机的转轴螺栓不清洁	拆下并清洁
		枪针不清洁	拆下并清洁
		枪针密封堵头过紧	调节密封堵头并润滑
枪针密封圈	手柄顶部枪针出口油漆泄漏	密封圈磨损或丢失	更换新密封圈
空气帽	空气帽固定环不转动	固定螺纹不清洁	将枪头部分浸入溶剂中清洗
		固定环变形或损坏	更换新固定环
调节阀	扇面调节阀不能调整	内部密封圈损坏或断裂	更换新密封圈
		油漆沾污了调节螺栓	拆下并彻底清洁
	不能进行点状喷	喷嘴或导流环安装不正确	拆下并重新安装
		导流环铜管损坏	更换新导流环

续表

故障部位	故障现象	故障原因	解决办法
调节阀	扇面控制阀过于松动并容易转动	内部密封圈磨损	更换新密封圈
导流环密封圈	导流环密封圈漏气	导流环密封圈损坏	更换新密封圈
		导流环密封圈被油漆沾污	拆下并彻底清洁
空气压力调节阀	不能转动喷枪手柄上的空气控制阀	内部密封圈损坏或断裂	更换新密封圈
		油漆沾污了调节螺栓	拆下并彻底清洁
	喷枪手柄上的进气控制阀过分松动并容易转动	内部密封圈磨损	更换新密封圈
枪针或密封圈	喷涂颤抖，跳枪	枪壶内涂料不足	补充涂料
		喷嘴没有拧紧	拧紧喷嘴
		枪针或密封圈磨损	更换新的枪针或密封圈
		枪针密封堵头松动	旋紧密封堵头
		涂料管连接处松动	旋紧涂料连接管

三、烤灯

1. 悬臂式红外烤灯

悬挂安装：6个灯管，每个1500W，带温控器和电动运行装置。

立柱悬臂式三灯红外烤灯，可以任意变换位置及角度，使车辆不用移动就可对任意位置进行烘烤（图 3.3-13 和图 3.3-14）。

图 3.3-13　悬臂式红外烤灯作业（一）

图 3.3-14　悬臂式红外烤灯作业（二）

侧面稳固安装的 6 个短波烤灯，可装于烤房内对局部喷漆部位进行烘烤，免于启动烤房，节省费用。可任意变换灯盘的角度，对车身的任意位置进行烘烤，不使用时可收于墙壁上便于车辆的出入（图 3.3-15）。

图 3.3-15　悬臂式红外烤灯作业（三）

2. 移动式红外烤灯（图 3.3-16）

移动式红外烤灯可分为：
① 六灯短波红外烤灯；
② 四灯短波红外烤灯；
③ 两灯短波红外烤灯。

图 3.3-16　移动式红外烤灯作业

3. 立柱式红外烤灯（图 3.3-17）

立柱式独立三灯可任意调整每个烤灯的高度，尤其方便对中巴车或大巴车的烘烤，每个灯都可以拆卸下来，用手握的方法可以对边角等死角进行烘烤。

图 3.3-17　立柱式红外烤灯作业

四、烤漆房

当前汽车烤漆房品牌、型号很多，大致可分为通用型、远红外两大类型。只是各自标准配备不同。目前最新型的是量子级烤漆房。烤漆房及其内部结构见图 3.3-18 和图 3.3-19。

 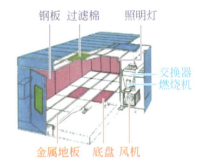

图 3.3-18　烤漆房　　　　　　图 3.3-19　烤漆房内部结构

1. 通用型烤漆房

通用型烤漆房工作时能在不同温度下自动控制，可恒温喷、烤漆。

目前普遍采用先进全自动燃烧系统和先进的空气净化系统，喷漆期间空气迅速排出，保持室内空气清新、洁净。房体侧面安装压力调节系统，使产品更加安全、可靠，稳定性好。

2. 远红外烤漆房

红外烤漆设备无需通过介质转换直接辐射被加热体，并具备较好的穿透力，使漆涂层由里及外地固化，避免了柴油烤漆和普通电热烤漆产品由外及里的干燥方式，使内部涂层的水分和溶剂通过已固化的漆表面挥发，从而破坏表面处理的效果。

3. 量子级烤漆房

（1）耐用、安全节能

❶ 量子级烤漆房其节能效果高于70%，耐冲击力可提高5倍以上，环保高效，安全使用寿命可达20000h。

❷ 量子级烤漆房主要是利用远红外线辐射加热，而不是传统的对空气的加热，避免了空气流动对烤漆表面产生的二次污染。

（2）环保　量子级烤漆房的烘烤过程是纯物理过程，既不消耗空气中的氧气和水分，也没有任何有害气体或物质排出，且无任何噪声。

（3）高效　量子级烤漆房作业每次烤漆仅为20min左右。

4. 烤漆房操作注意事项

❶ 点燃燃烧机后，如闻到有强烈的柴油味或有烟雾从风道冒出时，必须立即停止燃烧机并检查以下项目：

a. 炉膛是否有问题；

b. 燃烧器进气与油混合风门的比例是否准确；

c. 经专业人员检查没有问题方可启动燃烧器。

❷ 红外电加热烤房，烘烤时，加热管表面不能有水等液体，附近绝对不能有易燃物品堆放。

❸ 在进行喷漆前必须先检查喷漆用的气源及管路气压是否正常，同时确保过滤系统清洁（管路中不能有水分）。

❹ 检查空气压缩机和油水分离器（精密过滤器），使喷漆软管保持洁净（管路中不能有水分）。

❺ 喷枪、油漆、稀料、快干剂等漆制用品要存放在固定地方，存放场所保持清洁，应有通风系统（不得放入漆房内）。

❻ 除了用吹风枪和粘尘布除尘外，其他所有喷漆前的工序都应该在烤漆房外完成。

❼ 在喷、烤漆房内只能进行喷漆和烤漆工序，烤漆房的大门只允许车辆进出时打开，打开喷、烤漆房的大门时必须在喷漆状态下（空气循环系统产生微正压），确保房外的灰尘不能进入房内。

❽ 必须穿着指定的喷漆服和佩戴安全防护用具才能进入烤漆房进行操作。

❾ 在进行烘烤作业时,必须将烤漆房内的易燃物品拿出烤漆房外。
❿ 红外灯管加热方式的烤漆房,进行喷漆操作时,不允许开加红外灯管。
⓫ 非必要人员,不得进入烤漆房。

5.烤漆房维护

烤漆房维护事项见表 3.3-2。

表 3.3-2　烤漆房维护事项

序号	维护周期	维护事项
1	每天	每天应清洁房内墙壁、玻璃及地台底座,以免灰尘和漆尘积聚。红外灯管加热型烤房,待加热灯管温度降到常温后,应清洁反射罩和红外灯管表面。开机时严禁用水、油、稀料等稀释溶剂清理表面,以避免发生漏电现象
2	每周	①每周应清洁进风隔尘网(进风口棉、蓝白色过滤棉),检查排气隔尘网是否有积塞(底棉、玻璃纤维过滤棉),如房内气压无故增加时,必须更换排气隔尘网(进风口棉或底棉) ②烤漆房功率元器件接线柱重新连接上紧后,一周后应检查接线柱是否松动,如有松动必须上紧
3	每工作 150h	每工作 150h 应更换地台隔尘纤维棉(底棉、玻璃纤维过滤棉)
4	每工作 300h	每工作 300h 应更换进风隔尘网定(顶棉、阻燃过滤棉)
5	每月	①每月应清洁地台水盘,并清洗燃烧器上的柴油过滤装置 ②每月应清理进风道、地台内杂物
6	每 3 个月	①每 3 个月应检查进风和排风电动机的传动皮带是否松弛(检查送、排风机叶轮上是否堆积尘土或漆雾。应每 3 个月清理一次。应该记录清理时间及拍摄照片) ②对于红外灯管加热型烤房,应检查加热装置后部墙体是否有烤焦、变形和内部隔热层收缩等问题
7	每 6 个月	①每 6 个月应清洁整个烤漆房及地台网,检查循环风活门、进风及排风机轴承,检查燃烧器的排烟通道,清洁油箱内的沉积物,清洗烤漆房水性保护膜并重新喷涂 ②对于红外灯管加热烤房,应检查线路是否有老化、开裂等问题,检查接线是否牢固
8	每季度末	如夏季未进行烤漆,在冬季使用喷烤漆房的烤漆功能前,必须对热交换器表面、送风风机、排风风机和整个烤漆房风道进行彻底清洁(包含漆房底座、风道和顶棚内的各种杂物)。如燃烧器长期未使用,燃烧器首次点燃前,应把烤房顶棉拆下,再点燃燃烧器,没有闻到异味后,才能装上顶棉,烤漆房才能正常使用

续表

序号	维护周期	维护事项
9	每12个月	①每12个月应清洁整个热能转换器（应该记录清理时间及拍摄照片），包括燃烧室及排烟通道 ②检查热交换器是否有开焊、开裂、穿孔和烧蚀问题。检查送风风机、排风风机的电机电缆线及照明线路是否有老化现象，如为小叶笼式风机，应更换风机扇页 ③每12个月或每工作300h应更换烤漆房顶棉
10	每36个月	汽车烤漆房每三年应进行一次安全大检查，并进行全面检修

第四节　熟悉玻璃维修工具

拆卸和安装玻璃的主要工具有吸盘、壁纸刀、胶枪。修复玻璃上的微小破损或者划痕主要需要专用玻璃电钻、专用抽真空设备、玻璃划痕修复研磨工具、紫外线固化灯、玻璃修补剂等。

一、吸盘

吸盘是用于移动挡风玻璃的一种工具，其形式多样。如图3.4-1所示，有单爪吸盘、双爪吸盘和三爪吸盘。移动挡风玻璃通常使用的是两个双爪吸盘或一对单爪吸盘（图3.4-2），吸盘上有个板扣，把吸盘放置在玻璃的合适位置，按下板扣，可牢固吸紧玻璃，牢握手柄可使玻璃随意移动。

图3.4-1　吸盘

二、壁纸刀

如图3.4-3所示，普通的壁纸刀用于削去挡风玻璃车身框架上的玻璃胶。使用类似的钢刀片都可以执行此操作，这个操作非常简单，如图3.4-4所示。

图 3.4-2　吸盘的使用

图 3.4-3　壁纸刀

图 3.4-4　用壁纸刀削去玻璃胶

三、胶枪

胶枪用于注抹玻璃胶，密封和粘装玻璃。如图 3.4-5 所示是采用双重推力系统的胶枪，用完一个行程后，推进杆自动退回数毫米，释放对胶的压力，进而实现手停胶停。

扫一扫

视频精讲

图 3.4-5　采用双重推力系统的胶枪

第三章 留在钣喷车间——学习汽车钣金喷漆

第五节　了解高概率的日常钣金维修

一、车身前端

1. 维修保险杠

（1）拆卸保险杠

❶ 拆卸挡泥板（内衬）左右两侧固定螺钉 1（图 3.5-1）。

❷ 旋出前保险杠总成 1 左右侧固定螺栓（图 3.5-2）。

❸ 断开前保险杠线束总成连接插头（图 3.5-3）。

图 3.5-1　拆卸内衬

图 3.5-2　拆卸螺栓　　　　　　　　图 3.5-3　断开线束

❹ 旋出前舱底部护板总成 1 左右两侧固定螺钉（图 3.5-4）。

❺ 旋出前舱底部护板总成前固定螺栓 A；脱开前舱底部护板总成前固定卡扣 B；旋出前舱底部护板总成前固定螺钉 C（图 3.5-5）。

67

图 3.5-4　护板螺栓

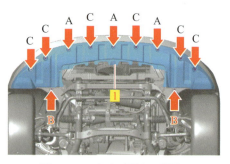

图 3.5-5　拆卸螺栓和螺钉

❻ 取下前舱底部护板总成 1（图 3.5-5）。

❼ 旋出前保险杠总成 1 上部固定螺栓（图 3.5-6）。

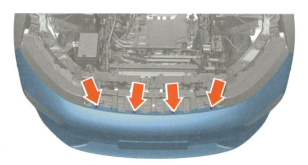

图 3.5-6　拆卸保险杠螺栓

❽ 在另一名技师的协助下，沿箭头 A 方向脱开前保险杠总成 1 左右侧与保险杠支架连接。再沿箭头 B 方向拆下前保险杠总成 1（图 3.5-7）。

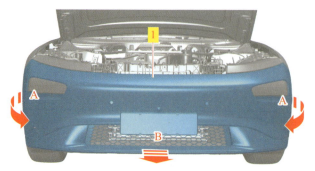

图 3.5-7　拆卸保险杠

❾ 拆卸相关线束连接。（如配置）需拆卸侧向泊车雷达、前环视摄像头（图 3.5-8）。

第三章 留在钣喷车间——学习汽车钣金喷漆

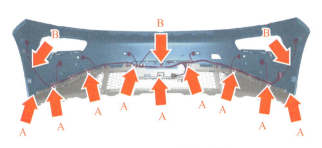

图 3.5-8 拆卸线束连接

（2）修补保险杠

❶ 清洗干燥待修部件。

❷ 如果是如图 3.5-9 所示的保险杠刮伤，可用 P80 砂纸除去凸出的材料。如图 3.5-10 所示，如果保险杠有凹坑，需要用热风吹风机加热凹坑部位，直至可用合适的工具压平凹坑。如图 3.5-11 所示，如果保险杠有裂纹，应凿开裂纹端部，并将裂纹打磨成 V 字形，消除内应力和凸起部位。

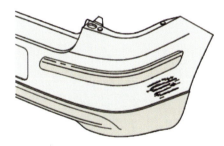

图 3.5-9 保险杠刮伤

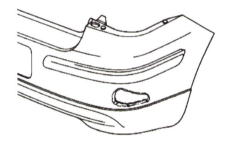

图 3.5-10 保险杠凹坑

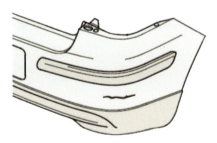

图 3.5-11 保险杠裂纹

❸ 用 P120 砂纸／金刚砂纸打磨凹坑区域。

❹ 用清洗剂清洗维修部位，晾干 5min。

❺ 涂一层薄薄的黏结剂，晾干 10min。

❻ 用黏结剂填充不平表面，用抹刀抹平。

扫一扫

视频精讲

❼ 用红外线灯加速固化过程,将温度调至 60～70℃,时间调为 15min。
❽ 用 P120 砂纸打磨凹坑部位。
❾ 去除灰尘磨屑。
❿ 涂一层薄薄的黏结剂,晾干 10min。

2. 调整翼子板

安装翼子板固定螺栓。上下左右移动翼子板,使其与前车门、前舱盖缝隙均匀,用手抚摸与前车门之间的缝隙处,无凸起,则说明翼子板已调整好,依次拧紧翼子板固定螺栓(图 3.5-12)。

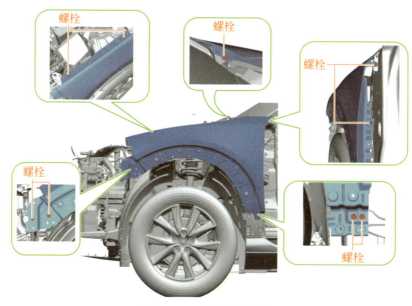

图 3.5-12　调整翼子板

3. 调整前机舱盖

维修提示

标记铰链相对于前舱盖钣金总成的位置,以便拆装时定位。调整前机舱盖时,车辆必须静止停放在水平地面上。在另一位装配工的协助下进行调整。

调整机舱盖见图 3.5-13。
❶ 旋松铰链固定螺母(箭头 A)。

❷ 沿箭头 B 方向移动前舱盖 1，调整前舱盖 1 和翼子板之间的间隙。

❸ 调节后，紧固铰链螺母（箭头 A），并安装前舱盖弹簧总成。

❹ 顺时针或逆时针旋转前舱盖缓冲块 2，调节前舱盖前端高度，使前舱盖在关闭的时候不松动或难以正常关闭。

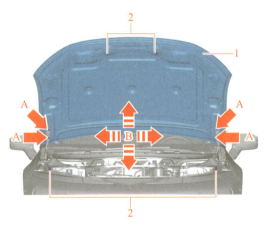

图 3.5-13　调整机舱盖

二、车身后端

1. 拆卸后保险杠

发生因更换前后保险杠，前后保险杠线束未接；车辆发生碰撞导致前后保险杠线束受损；以及前后保险杠总线相关的接插件浸水时，CCAN 的通信将会受到影响，控制单元（如果是电动汽车，其 VCU 无法与 C-CAN 底盘节点正常通信，会导致车辆跛行）。

（1）准备和拆装外围部件

❶ 关闭所有用电器，车辆下电。

❷ 断开蓄电池负极极夹。

❸ 拆卸后侧围流水槽下盖板。

❹ 拆卸备胎池护板。

❺ 拆卸备胎池护板总成。

（2）拆卸后保险杠总成

❶ 旋出后挡泥板总成左右两侧固定螺钉。

❷ 脱开后保险杠线束固定卡扣。

❸ 断开后保险杠线束连接插头。

❹ 脱开后保险杠堵盖。

❺ 旋出后保险杠总成固定螺栓。

❻ 在另一名技师的协助下，沿箭头 A 方向脱开后保险杠总成 1 与后保险杠支架连接。沿箭头 B 方向拆下后保险杠总成 1（图 3.5-14）。

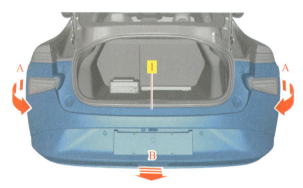

图 3.5-14　拆卸后保险杠

2. 安装事项

安装程序以倒序进行，同时注意部件恢复安装完成后标定等。例如装配有 360°全景影像系统的车辆，需要进行摄像头和毫米波雷达的标定。

如果保险杠安装位置或缝隙两侧不一致，需要调整左右两侧支架的保险杠支架 1（图 3.5-15 和图 3.5-16）。

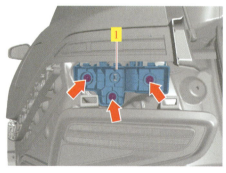

图 3.5-15　保险杠支架（一）
（左右侧各一）

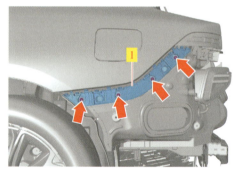

图 3.5-16　保险杠支架（二）
（左右侧各一）

三、车身顶部

1. 天窗结构

如图 3.5-17 所示为采用了带向上倾斜机构的电动天窗。使用脉冲传感器（霍尔效应开关）系统控制，带集成 CPU 的天窗电机，可简化系统。

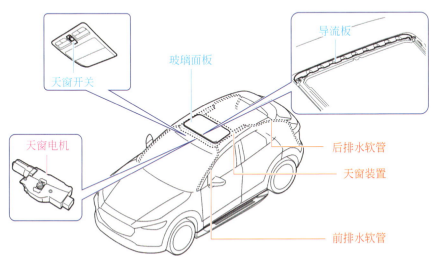

图 3.5-17　采用了带向上倾斜机构的电动天窗

操作天窗开关（倾斜位置）时，天窗向上倾斜。操作天窗开关（打开位置）时，天窗打开。操作天窗开关（关闭位置）时，天窗滑动关闭并向下倾斜。

2. 天窗排水

（1）前排水软管

前排水软管 1 敷设在 A 柱上，一直延伸至排水槽内结束。使用清洁以及辅助安装工具从下部排水套管 2 开始清洁（图 3.5-18）。

（2）后排水软管

后排水软管敷设在 C 柱内，并在后轮罩内结束。所有车型都使用合适的铁丝或专门的清洁辅助工具从下部排水套管 3 开始清洁（图 3.5-18）。

四、车内饰

1. 拆卸自动防眩内后视镜（图 3.5-19）

❶ 将盖罩 1 和 2 从车内后视镜 3 中小心地脱开。

❷ 将驾驶员辅助系统前部摄像头 4 盖罩从车内后视镜 3 和成形顶篷中脱开。

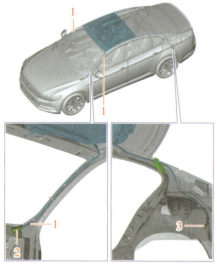

图 3.5-18　天窗排水管

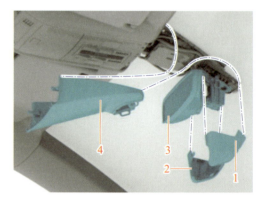

图 3.5-19　拆卸自动防眩内后视镜
1,2—盖罩；3—车内后视镜；4—前部摄像头

❸ 脱开车内后视镜的电气插头连接。

❹ 逆时针旋转车内后视镜 20°并向下取下。

2. 安装自动防眩内后视镜

安装步骤大体以倒序进行。要注意以下几点。

安装前先检查所有紧固元件是否损坏，必要时予以更换。

❶ 将车内后视镜沿逆时针方向转动 20°，安装到固定板上。

注意带有固定板的车内后视镜的平行位置。

❷ 恢复车内后视镜的电气插头连接。

❸ 将车内后视镜沿图 3.5-20 中箭头方向转动,直至听到卡入固定板中的声音。

图 3.5-20　安装后视镜
1—固定板；2—后视镜

扫一扫

视频精讲

扫一扫

视频精讲

第四章

扎根钣喷车间——成就"汽车钣金喷漆工匠"

第一节 钣金修复工艺和流程

一、车身表面修整

1. 拉环作业

下述以维修中经常使用的拉环作业（图 4.1-1）方法来说明其修复工艺流程和主要的事项。拉环作业法是指根据钣金件受损部位的大小焊上一定数量的平垫片拉环，平垫片拉环称为牵引介质，将钢丝绳穿入介质中，然后用人力或机械牵引钢丝，通过介质使钣金件受损部位受力向外牵引，使其恢复到原来的位置和形状。特别是对于较大面积的变形、双层结构的钣金件、不易拉近的部位、转角过渡处和车

图 4.1-1　拉环作业

第四章 扎根钣喷车间——成就"汽车钣金喷漆工匠"

门立柱等，采用拉环作业法修理显得更加方便。

维修提示

① 焊接拉环前，应选择适合的砂纸打磨到旧漆层。

② 调节适合的焊接电流是重要的。过小的焊接电流不能将拉环焊接在金属表面上；过大的电流会焊穿金属板（图4.1-2）。

③ 每次拉伸只拉拔一小段距离，然后观察拉拔效果，调整拉拔点和拉拔力。

2. 加热和修整

❶ 车身结构件或安全件不允许被加热，否则金属性能将被破坏。

❷ 修理工必须具有很高的技术和经验。

❸ 金属表面必须尽可能地被修补平顺。钣金工不能完全依靠腻子层填充。

维修图解

表面修补方法是一个传统的修补方法。修理工可以对损伤表面进行加热，消除该区域的应力，然后将扭曲的金属板敲击平顺（图4.1-3）。

图 4.1-2　电流过大状态　　　　图 4.1-3　金属板修整

3. 清洁和装配

（1）清洁

最后一道工序是清洁。修理工必须清除焊渣和遗胶，然后清洁车身表面。尤其对于裸露的金属表面，必须在其上喷涂防腐材料。车身修复工作结束之后，需要进行装配。将经过修整的车身和局部附件需更换的部件和拆卸件，按原车的要求进行总装。

（2）四轮定位

对车辆进行调试或试车，对于发生严重碰撞的车辆，务必进行四轮定位。做四轮定位就是通过四轮定位仪，检测被测车辆的各轮倾角和数值是否符合原厂标准，如不符合可做随机调整。只有车辆的定位数据准确，车辆的操控性能、稳定性能才能达到最佳状态，轮胎的使用寿命也才能达到最长。通过四轮定位检查，如果发现某些数据不符合规定标准，还要进行调试检测，直到所有的参数和数据都在标准范围内为止。

二、车身测量

无论承载式车身还是非承载式车身，测量都是修理过程中不可缺少的重要环节。

现代轿车大多采用承载式车身结构，悬架系统、发动机总成、变速器等都直接或间接安装在车身上，如果损伤没有修理到位，将影响到车辆的安全性、平顺性、舒适性等。所以，精确测量在整个维修过程中占据着非常重要的地位，是影响车身修理质量的关键。

车身测量往往贯穿车身修理作业的全过程，一般可分为作业前、作业中和竣工后三个阶段。

❶ 作业前的检测，需要确认车身损伤范围、变形方向及损伤程度，以便制定修理方案。

❷ 修理过程中的检测，有助于对修复质量进行实时控制，避免反复拉伸或矫正过度。

❸ 竣工后的检测，则可为验收和质量评估提供可靠的数据。

1. 两维测量

测距法也称为两维测量，其常用的工具有钢卷尺和轨道式量规两种。

测距法可以直接获得定向位置上点与点之间的距离，也就是所谓的点对点测量，它通过测量某个点相对于车身的位置状态以判别损伤程度及方向。它是最简单、快捷、实用的一种测量方法，但相对于坐标测量法，其精度低、误差大，仅适用于那些要求不高的场合。

测距法通常只能体现测量点相对于车身其他点的纵向（长度）和横向（宽度）位置状态，而在垂直面上，则很难将采集到的数据进行量化。操作和换算复杂，数据误差相对较大。

2. 钢卷尺测量

❶ 选择带有合格证标签的钢卷尺。

❷ 测量时，应佩戴线手套，以免被锋利的钢卷尺带划伤。

❸ 使用带有制动开关的钢卷尺时，拉出前要松开制动开关，达到并超过被测量点一定距离时关闭制动开关，用完后松开制动开关，卷尺自动收回。

❹ 尺带只能卷，不能折。

❺ 尺带应缓缓拉出，不能用力过猛，用完后徐徐退回。

❻ 尺带表面镀有铬、镍或其他涂层，应保持清洁，测量时不能与其他被测物体产生摩擦，以免划伤。

❼ 钢卷尺用过后，用软布将刻度尺擦拭干净，并用干净的机油将表面润湿，不要放在潮湿或有酸性气体的地方，避免锈蚀。

3. 轨道式量规测量

（1）测量范围

❶ 两个被测量点中间有障碍物，钢卷尺无法直接量取间距时，可采用轨道式量规进行测量。

❷ 当两个被测量点不在一个平面，上下高度存在位差，或数据图给出的是两个点的垂直距离时，也应该使用轨道式量规。

（2）轨道式量规的特点

❶ 轨道式量规也称简易测量尺，它由一根带有刻度的横尺、可以滑动的模块和量脚（探针）组成，常用材料为铝合金。

❷ 轨道式量规可以根据不同位置，将量脚探入测量点，应用起来非常方便、灵活。

维修图解

用轨道式量规进行点对点测量的方法如图 4.1-4 所示。

（3）操作注意事项

使用轨道式量规进行测量时，应注意以下几点。

❶ 初次使用或使用一段时间后，需要对测量尺进行校准。校准时，首先将一个装有探针的模块放在横尺的零点位置，另一个放在整数位置。使用

钢卷尺测量两个探针的头部，查看间距是否与横尺上的数据相符，如果不相符应及时更换或修复损坏的相关零部件。

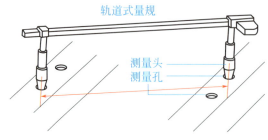

图 4.1-4　轨道式量规测量

❷ 测量时，横尺应该尽量与车身平行。因此，两侧指针的高度有可能不同。

❸ 车身上的测量点多是以圆形的螺栓孔、工艺孔的形式存在。当测量点的孔径较大，或者探针量脚的头部接触到测量孔的底部时，应将测量点改为测量孔的边缘部分。

❹ 两点不在同一平面时，轨道式量规的测量值为垂直距离，与钢卷尺测量的实际距离有较大的区别。

4. 标准参数测量和对比

（1）标准参数测量

标准参数测量，以图纸和技术文件中的参数来体现基准目标，以此为基准对车身尺寸定位进行测量。标准参数法可以准确评估变形和损伤，是测量工作中最常用的一种方法。其中，车身数据图是获取车身各部尺寸的最佳途径，由生产厂家直接提供，它详细标注了车身主要控制点的位置、数量以及尺寸。厂家提供的车身数据多为点对点之间的直线距离或垂线距离，因此，使用钢卷尺和轨道式量规即可满足测量要求。使用车身数据图作为测量依据时，应正确选择车型、生产年代等车辆参数信息。

（2）参数对比

选择测量基准点通常应遵循以下原则。

❶ 确认测量基准点没有变形，如果不确定，尽量从比较坚固的车身中部选择。

❷ 尽量选择同一平面上且容易使用工具进行量取的点。

❸ 利用车身或车架上已有的基准孔，找出所需的定位参数值。

❹ 以基础零件和主要总成在车身上的正确装配位置为依据。

第二节　喷漆工艺和流程

扫一扫

视频精讲

一、漆面颜色调配

1. 素色漆调配

素色漆也叫纯色漆或实色漆，与金属漆不同，喷涂中的操作因素对素色漆颜色变化的影响比较少，所以这类颜色较容易调配。素色漆一般都使用单工序喷涂的工艺，这样既方便又快捷。因此，素色漆色母要求有高遮盖力、高饱和度，施工后有高的光泽。但由于调色的需要，一套完整的色母系统中还要求有低遮盖力的色母。

素色漆在喷涂后不会出现侧面色调的效果，往往正面颜色调得准确，侧面也不会有什么差别。此外，施工作业条件、施工环境对素色漆颜色的影响也非常少。

素色漆较容易调配。调配素色漆时应该注意以下几点。

（1）色母的效果

白色母、某些黄色母是最重的一类色母，原因是其颜料的密度大，常产生湿润情况与喷涂色板之间的明显颜色差。如果湿润涂料中含有一定量的白色漆或某些黄色漆时，在用调漆尺搅拌，并用目视比较标准板时，要求湿润涂料调配得比标准板的颜色浅、淡。这是因为在搅拌湿润涂料时，重的色母来不及沉降，油漆的颜色就较浅；而喷涂后的流平时间内则发生了沉降，轻的色母在表面聚集较多，颜色就要更纯，外观表现得"暗"一点。刚喷涂完的漆面和干固后的漆面不同，这也是一个最主要的原因。烤干后的漆面都会显得偏暗一点。

（2）选用纯度高的色母

汽车生产厂家在素色选择上喜欢明快、鲜艳的色彩，以红色、蓝色、黄色为主。这些颜色调配要根据需要少用黑色母；偶尔会用少量的白色母调节亮度和鲜艳（纯）度，但要认识到，这会造成一定程度的颜色浑浊。

维修提示

尽量不选用低强度的色母作为主色，即使不得不选用时，也要尽量搭配使用高遮盖力的色母，这种情况以鲜艳的红色最为常见。

（3）调配白色

白色漆在使用了一段时间后会变得稍黄。调配白色时尽量选用低强度的色母，就是透明的色母。例如，白色的调配，因为人眼对白色的分辨能力比别的颜色强，所以选用低强度色母的好处是微调时容易控制变化范围。

（4）调配黑色

黑色的表面光泽对判断其色差起着决定性的作用。新喷涂的黑色漆由于表面光泽太高而容易给人造成漆面过黑的误解，可以先打蜡抛光再进行比较。甚至在喷涂前加入少量的白色母使原黑色配方稍微浑浊一点。

对因长时间暴露而褪色的车身颜色进行修补时，在修补涂料中可以添加少量的白色或黄色色母。

（5）颜色异构

颜色异构就是在不同的光源（例如阳光和灯光）反射下颜色的偏差有所不同。在室外看着比较准确的样板或调好的涂料颜色，到了室内或喷漆房内再看颜色就走了样，这是光源起了作用。不同的颜料各有自身特定的吸收和反射波长及能量，调色的实质则是在当时的光源条件下把不同的颜料筛选组合，从而模拟出该光源下所要求得到的反射光的波长及能量。除非是使用了完全相同的颜料，否则要使两种不同的涂料在不同的光源下颜色相同几乎是不可能的事。由于人眼可以在可见光的范围内做到全波长和全角度的检测，而当光源随着周围环境的改变而改变时，如果所调配的颜色存在颜色异构，人眼就能分辨出来。

颜色异构在颜色调配中是相当常见的现象，所造成的色差也较小。如果出现了严重的异构现象，基本上与色母选用不当有关。这时候仅在原配方基础上增减色母数量已经不能很好地解决问题了，因此一定要改变所用的色母。

2. 调配金属漆

（1）金属漆

金属漆，又叫金属闪光漆，广泛用于汽车面漆。在它的漆基中加有微细的铝粒，光线射到铝粒上后，又被铝粒通过气膜反射出来，因此看上去好像金属在闪闪发光一样。改变铝粒的形状和大小，就可以控制金属闪光漆膜的闪光度；在金属漆的外面，还加有一层清漆予以保护。

金属漆是用金属粉，如铜粉、铝粉等作为颜料所配制的一种高档涂料。金属漆具有金属闪光质感，能够充分彰显高贵、典雅的气质，一般有水性和溶剂型两种。由于金属粉末在水和空气中不稳定，常发生化学反应而变质，因此其表面需要进行特殊处理，致使用于水性漆中的金属粉价格昂贵，使用受到限制，目前还主要以溶剂型为主。

（2）调配金属漆的方法

金属漆之所以难调准确，主要是因为有侧视色调需要考虑，再加上珍珠粉正面反光、侧面透射光的不同，就造成金属漆正、侧视颜色变化的复杂性。在调配某种颜色时，每一个色母都会对这个颜色的正、侧面产生影响，所以在使用每一个色母时都要考虑到它所造成的影响。例如，使用了较多（5%～10%）的无光银时，就绝对无法消除正面的灰暗和颜色的不纯；使用大量的珍珠色母（30%以上）后，就不要期望能把侧视颜色调暗。汽车漆色母走向见图4.2-1。

金属漆调色的关键是使新旧漆膜的闪光方向一致，只要两者闪光方向性吻合，剩下的工作就像调素色漆一样，只是原色加入的比例问题。

二、漆面的清洁和检查

扫一扫

视频精讲

1. 清洗车辆

喷涂前必须清洗车辆，即使局部喷漆也要把全车清洗干净。尤其是一些夹缝、边框、导槽等部位。

如果不清洗干净，新油漆的漆膜上就可能会沾上很多污点。

2. 检查旧漆

喷漆维修工需要正确判断车身表面涂层的总体状况，仔细寻找表面涂层损坏的迹象，如裂缝、裂口、起泡等。利用反射的光线可以获得对车身表面最好的观察，光泽暗淡通常表明存在诸如裂口或小气泡等表面缺陷而导致车身表面凹凸不平，必要时需用放大镜进行全面检查，确定车身损坏修复区域。

汽车车身修复，在确定了车身涂层的修复区域以后，必须清除旧涂层表面的蜡、油脂或其他脏东西。不要使用汽油，因为汽油会在车身表面产生沉积污染，最好使用合成稀释剂进行清洗。清除表面锈蚀，可选用砂布，砂磨到露出金属光泽为止。深度锈蚀，应彻底清除锈蚀部位，否则会留下隐患。锈蚀会在涂层和钢铁表面层之间扩展，使涂层和钢铁表面附着不良，时间长了会造成大面积的涂层从钢铁表面脱落下来，造成更严重的锈蚀。

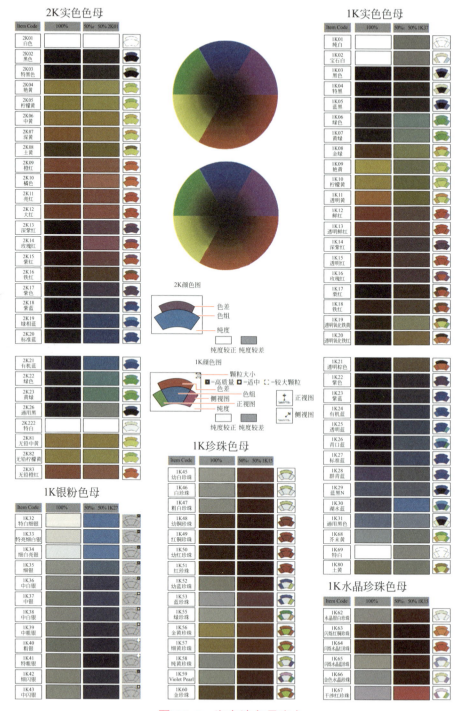

图 4.2-1　汽车漆色母走向

3. 处理车身旧漆

（1）手工处理

手工处理就是用铲刀、砂纸等把旧漆膜除掉，并用砂纸、钢丝刷将铲后留在表面的漆层、粗糙口子打磨干净。

（2）打磨机处理

打磨机处理是指采用专用电动（气动）打磨机进行清除旧漆的方法，一般用于小面积的旧漆膜剥离。由于采用电动工具，使工人的劳动强度降低，除漆效率高。

维修提示

电动打磨机在进行剥离涂膜作业时，如果使用的是硬的打磨头，要保持与涂膜表面相平行，否则会在金属表面留下划痕；如果使用的是柔性打磨头，磨头与漆面之间应形成 30° 夹角来打磨。

经常检查磨料是否清洁，这是保证打磨效果最简单也最有效的办法。如果磨料被塑料密封胶粘贴，则应该及时用毛刷、钢丝刷或气枪进行清理。

4. 检查表漆损坏程度

（1）目视检查

根据光照射钣金件的反射情况，以评估损坏的程度及受影响面积的大小。稍微改变人的眼睛相对于钣金件的位置，即可看到微小的变形。

（2）触摸检查

从各个方向触摸受损的区域，但不要用任何压力。

三、喷涂底漆

1. 喷涂底漆的选择

扫一扫

视频精讲

底漆一般只喷涂一层，在外涂层与基层中间。底漆应能为车身表面提供最佳的附着力和防腐能力，底漆一般不能用于填补车身表面缺陷，因此也不需要进行打磨操作。

选择底漆时应注意以下性能指标。

❶ 附着性能　在基层和将要喷（或刷）的外涂层之间应能产生强附着

力,具有持久的防锈蚀能力。

❷ 填补性　应能填补经打磨和研磨留下的痕迹。

❸ 密封性　应能防止外涂层溶剂渗入,导致外表发暗。

❹ 干燥迅速。

(5)应能节省干燥时间。

在使用腻子前,车身需修复区域表面,不得有开口、裂纹、接缝。车身涂装腻子层具有一定的吸湿能力,腻子层会像暴露在潮湿的环境下的海绵一样吸收潮气,导致涂层开始形成锈蚀,最终这些锈蚀将会彻底破坏腻子层和金属层的结合。在需要进行修复区应打磨成椭圆形涂层表面,其面积大小可视涂层损坏情况而定,其目的是为了增加新涂层与旧涂层之间的附着力,防止涂层从底涂层产生腐蚀。

如果车身涂层已经被重新喷涂过,则必须判断使用的涂料类型,见表 4.2-1。

表 4.2-1　涂料类型判断方法

方法	说明/描述
目测法	如果在接近特征线表面的纹理是粗糙的,或者能观察到"清晰的纹理",这表明在重新喷涂时使用的是抛光型涂料。如果其有某些特殊的光泽,例如丙烯酸氨基甲酸乙酯所特有的橙色珍珠光泽,那么就能判断出重新喷涂时使用的涂料类型是丙烯酸氨基甲酸乙酯
溶剂处理法	用一块在清漆溶剂中浸泡过的白色抹布摩擦涂层,通过原有漆膜溶解的程度来进行判断。如果漆膜被溶解并在抹布上留下痕迹,则可以判断上一次喷涂所用的涂料是空气干燥型的;如果漆膜不溶解,则可能是烘烤型涂料或双组分反应型涂料
加热处理法	先用 P800～P1000 号的细砂纸对涂膜表面进行湿打磨,降低涂膜的光泽,接着用红外线进行加热。如果光泽变回暗淡的涂膜表面,则说明涂料是丙烯酸清漆型

2. 底漆应用

(1)头道底漆

颜料含量最低,填充性能较弱,具有较强的附着力,较难被砂纸打磨。

(2)头二道合用底漆

颜料含量比头道底漆多,相对地说,胶黏剂含量较少,附着力不如头道底漆强,而具有较强的填充性能,往往被用作单独的底漆,也可充作头道底漆。

(3)二道底漆

具有最高的颜料含量,它的功能是填塞针孔、细眼等,具有良好的打磨性。

(4)封闭底漆

含颜料成分较低,主要用于填平打磨痕迹,给面层涂料提供最大光滑度,使面层涂料丰满,并可防止产生失光、斑点等现象。

四、刮腻子

腻子一般用刮具作业施工,刮涂的次数或者叫层数,主要取决于底材的表面状况和维修工的操作水平,一般刮涂1～4层,直到底材达到涂装的要求。喷涂的车身部件平整度和光滑度主要由腻子来实现。聚酯腻子的施工作业流程以下。

1. 调配腻子

如图4.2-2所示,先将罐内主剂调和均匀,底面黏度一致,以利于刮涂和固化。对于固化剂,要先打开管盖将空气挤出,然后拧上管盖,用手掌在管外揉搓使固化剂均匀。

图4.2-2 腻子的调配

调配时用刮刀把主剂拨在托板上,固化剂参照说明要求调配,一般按主剂的2%～3%的比例调和,用刮刀来回刮抹主剂和固化剂,使之混合均匀(从颜色混合均匀度观察),混合不匀则会产生固化不匀、附着力差、起泡、剥落等现象。

2. 刮涂第一层腻子

用硬刮具刮涂,对较大凹坑可选用较宽的硬刮具,刮刀与底材倾斜角以50°～60°比较适宜。

刮涂腻子时,主要以高处为准,对特别高的部位,应由钣金工敲平,以减少腻子层的厚度,方便施工作业,不要为了一次刮平而使腻子层厚度超过1mm。刮涂第一层腻子时只求平整,不求光滑,对汽车车身表面较大的凹坑刮涂只要初步平整,刮涂方向横、竖均可,以有利于填平凹坑为准则。如果是弧形车身表面,应按图4.2-3的方向施工操作(图4.2-4)。

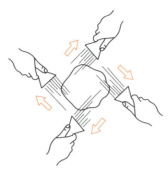

图 4.2-3　弧形表面腻子刮涂操作

图 4.2-4　刮涂车身弧度造型

3. 刮涂第二层腻子

汽车车身平面处仍用硬刮具刮涂，但对圆弧较小部位也可适当使用橡胶刮具或塑料刮具。此层腻子仍以填平为主，不求光滑，该层腻子厚度应比第一层稍薄，局部刮涂时的面积应略大于第一层腻子的面积，满刮时要注意构件边缘腻子的平直性。第一层刮涂时与上一层腻子的接口应错开，即不要使各层腻子的接口在同一部位，以免产生缺陷。满刮腻子层应注意刮涂方向，应顺着流线型方向，并遵循从上到下、从右到左的原则，刮涂时尽可能拉长一些，以减少刮涂接口。

4. 刮涂第三层腻子

应使用弹性较好的橡胶刮具或塑料刮具，平面处也可用硬刮具。这一层腻子主要填充前两层腻子留下的砂孔、砂纸痕迹以及遗漏的轻微凹陷。施工原则是以光滑为主，兼顾平整性。刮涂时以手的压力与刮具弹性相结合，使刮涂的腻子层平整光滑。满刮腻子层方向与第二层腻子操作相同，局部刮涂时的腻子层面积稍大于第二层腻子的面积，同时注意腻子层边缘与旧涂层过渡，对于汽车车身表面若隐若现的轮廓外形线，刮涂时要注意其平直性。

5. 刮涂第四层腻子

使用硬一些的刮具刮涂第三层可能遗留下来的微小砂孔及砂纸痕迹。利用硬刮具的刮口薄薄均匀地刮涂一层光滑腻子，局部刮涂的腻子层面积可扩大一些，以消除旧涂面上打磨前几层腻子时可能遗留下来的砂纸痕迹，确保喷涂工作顺利进行。

刮涂腻子完工以后需要对腻子进行烘干（图 4.2-5）。

新施涂的腻子会由于其自身的反应热而变热，从而加速固化反应。一般在施涂以后 20～30min 即可打磨。如果气温低而湿度大，腻子的内部反应速率降低，从而要较长的时间来使腻子固化。为了加快固化，可以另外加热，例如使用红外线烤灯或干燥机加热。

6. 打磨腻子

腻子层彻底干燥后即可打磨，打磨腻子时注意只能干磨，不能湿磨，因为腻子的吸水性很强，当湿磨残留水分不能很好地挥发时，会导致漆膜起泡或者剥落，导致金属底材锈蚀等现象。打磨腻子层主要是为了取得平整光滑的表面。打磨腻子层见图 4.2-6。

图 4.2-5　腻子的烘干

图 4.2-6　打磨腻子层

打磨满刮腻子层时，以车身流线型水平方向为主，垂直方向、斜交叉方向为辅，注意水平方向与垂直方向、斜交叉方向的平整性，动作要平稳。在水平方向打磨时来回幅度要大一些，在打磨中要经常用手抚摸打磨后的表面，以测定打磨程度，防止将腻子层磨穿。

五、中涂层作业

中涂层需要在原车身涂层与修补中间涂层进行过渡，要达到新补涂层与原车涂层一样既平整又光滑，无缺陷、无砂孔、局部刮涂腻子边缘无接口，外表恢复原样。

扫一扫

视频精讲

1. 中涂层施工前准备工作

中涂层所用的涂料的主要功能是改善被涂工件表面和单层底涂层的平整度，为面涂层创造良好的涂装表面。喷漆作业一般都有喷涂中间涂层这一工序，一般采用喷涂两道，中间涂层的干涂层厚度为 35～40μm。

在进行中涂层的施工过程中要进行喷涂，要对不需要进行喷涂作业的部位进行遮护；使用清洁剂对需要进行中涂层施工部位表面进行清洁。

（1）喷涂中涂层时的遮护

由于进行喷涂中涂层所用的空气压力低于进行面涂层的空气压力，所以工件表面的遮护工序比较简单，通常使用报纸等遮护，以防止产生喷涂台阶。

（2）较大面积喷涂时的遮护

在进行较大面积喷涂时，如车身翼子板或车门构件，必须单独进行遮护；如果车身构件有孔或车身构件之间的缝隙，这些部位都必须遮护，以防漆雾进入这些区域。如果覆盖孔有困难，可以从里面遮护孔口，从而防止漆雾粘至内部。

2. 中涂层施工作业

（1）涂料的准备工作

在涂装中涂层前应先将涂料按产品说明书规定比例加入固化剂，静放 5～10min 后再喷涂。如果喷涂黏度需要调节，应添加配套的稀释剂。

（2）中涂层厚度

双组分涂料一般喷 2 层即可达到要求的厚度，如果颜色遮盖力较差，则需喷 3～4 层，直到全部覆盖。车身构件表面进行局部喷涂中涂层时，应先对局部喷涂中涂层的构件表面先薄喷一层，减少中涂底漆与旧涂面之间的色差，为以后的喷涂打下基础。

第一层喷涂时以 0.35～0.45MPa 的喷涂压力，中等湿度薄薄地喷涂一层，检查构件表面情况，注意车身构件的表面可能产生缺陷的因素。

第一层喷涂后，如果无任何不良情况，应静置片刻才喷第二层，静置时间视环境温度等情况考量，一般喷涂表面不黏，就可进行喷涂第二层。喷涂第二层的涂料黏度应比第一层时略微降低，喷枪移动速度也略慢，喷涂压力可适当提高 0.02～0.03MPa，使涂料雾化得更细，以得到满意的光滑涂面（图 4.2-7）。

图 4.2-7　喷涂中涂层

（3）处理凹凸不平的结构

车身构件常有一些凹凸不平的结

构，这些部位的喷涂要特别注意，对于车门下部的肋等部位要小心操作，因为这些部位在操作时，容易产生流挂、发花等缺陷。

（4）打磨中涂层

在涂层干燥后，中涂层还需要进行打磨，使用 P120～P200 号砂纸配合双向式打磨机研磨；边缘位置小面积可使用 P400～P600 号砂纸配合手工水磨。

中涂层打磨的基本要求是使涂层表面微弱的凹坑、砂孔全部消除，中涂层在汽车车身涂层修补中是很重要的工序。

在进行操作时，如果车身弧度较小，可用手工打磨，有利于对弧形面的修正。可以使用 P120～P240 号砂纸，以车身流线型水平方向为主，要注意凸出底材的折线、外形线的平直性，一般不要沿垂直方向或斜方向打磨，这是因为在垂直方向稍有砂磨痕迹即会明显地显示出来。

对底材的圆弧、凹角等不宜采用机械砂磨的部位，可用拇指夹住砂纸，四指平压于底材上，然后均匀地来回做修理打磨。打磨后应使用毛巾布清洁，然后吹净表面灰尘，不能使用除油剂或类似清洁剂来清洁表面。构件的表面应平整光滑，无砂孔、无缺陷，底材边缘无锯齿形，局部涂腻子边缘平整光滑且无接口痕迹。

六、喷涂面漆

1. 检查准备好的面漆

（1）喷涂前的检查作业

在开始喷涂作业之前，下列工作一定要做：一是检查全车车身外表有无覆盖遗漏之处；二是检查有无打磨作业和清扫作业没有进行完备之处；三是检查喷枪和干燥设备有无异常。

（2）涂料的准备

将调好色的涂料按所需要的量取出，视需要加入固化剂，调整好黏度。通常的做法是将主剂和固化剂调配好之后，再加入稀释剂调整黏度。

（3）涂料的过滤

调好色的涂料，难免混有灰尘和杂质，必须过滤之后才能使用。

（4）黏度的调整

涂料黏度并非常量，会随温度发生变化。即同一种涂料，冬季比夏季显得稠。黏度越高的涂料，随温度而变化的特征越明显，因此，即使加入相同量的稀释剂，夏季的黏度为 13～14s，冬季黏度就为 20s 左右。

2. 面漆喷涂作业

面漆的喷涂操作与底漆和二道浆的操作基本相同，只是喷涂的手法要求更加细腻一些，以获得良好的色彩光泽效果。

（1）干喷

指喷涂时选择的溶剂要快干，气压较大，漆量较少，温度较高等，喷涂后漆面较干。

（2）湿喷

指喷涂时选择的溶剂要慢干，气压较小，漆量较多，温度较低等，喷涂后漆面较湿。

（3）虚枪喷涂

在喷涂色漆后，将大量溶剂或固体分调整得极低的涂料喷涂在面漆上的操作，称为虚枪喷涂。

（4）雾化喷涂

俗称飞雾法喷涂，又叫飞漆，一般用于金属漆的施工。

（5）带状涂装

当喷涂某个基材表面的边缘时采用此法。此时应将喷枪扇辐调得相对窄一些，一般调整到大约 10cm 宽。

3. 抛光

抛光就是通过打磨，使涂膜面显出光泽，除去附着在涂膜表面的灰尘和小麻点，对表面粗糙处和起皱皮处等平整度不良进行修整。对于部分涂装而言，还包括对晕色部位的打磨等，先用 $1000^{\#}$～$2000^{\#}$ 的砂纸打磨，再用抛光机抛光。

4. 打蜡

抛光作业结束后，最后的工序是打蜡。但应注意，有的涂料禁止打蜡，比如合成纤维素丙烯酸硝基涂膜，不能使用油性蜡。

聚氨酯涂膜在完全固化之前，也最好不要打蜡。另外，不同的涂膜应选择与之相适宜的车身蜡，选择方法应根据涂料生产厂家的使用说明书确定。

打蜡不能在阳光直射的场所进行；车身温度较高时也不宜进行，因为蜡的油分会侵蚀涂膜。

第三节 车身部件更换和封涂

一、车身钣金结构

1. 前舱结构（图 4.3-1 和图 4.3-2）

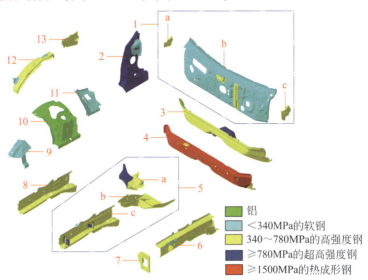

序号	零部件名称	主要材料	
1	前围板面板总成	a：右A柱前边梁封板后段(左右对称)	高强度钢
		b：前围板	软钢
		c：左A柱前边梁封板后段(左右对称)	高强度钢
2	右A柱内板下段总成(左右对称)		超高强度钢
3	前围板下部总成		高强度钢
4	前围前横梁总成		热成形钢
5	右前纵梁外板总成	a：右前纵梁外斜撑梁上板	超高强度钢
		b：右前纵梁根部连接下板	高强度钢
		c：右前纵梁外板	高强度钢
6	右前纵梁内板总成(左右对称)		高强度钢
7	前防撞梁右安装板(左右对称)		高强度钢
8	右前纵梁外板总成(左右对称)		高强度钢
9	机舱右前搭铁板(左右对称)		软钢
10	右前塔座(左右对称)		铝合金
11	右前轮罩封板下段(左右对称)		软钢
12	机舱右前上边梁总成(左右对称)		高强度钢
13	右A柱前边梁封板(左右对称)		高强度钢

图 4.3-1 前舱结构

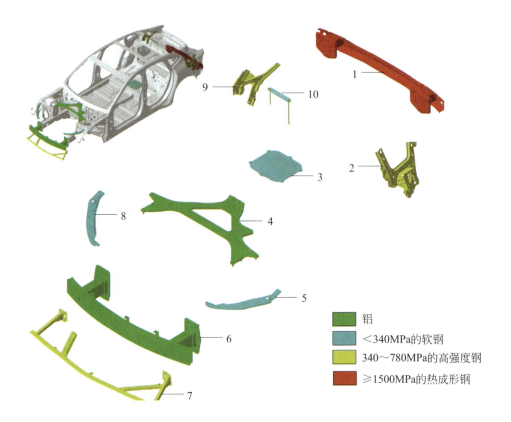

序号	零部件名称	主要材料
1	后防撞梁	热成形钢
2	左充电装置安装板总成	高强度钢
3	检修口盖	软钢
4	三角梁	铝合金
5	大灯左安装支架	软钢
6	前防撞梁	铝合金
7	小腿梁	高强度钢
8	大灯右安装支架	软钢
9	右充电装置安装板总成	高强度钢
10	蓄电池压板	软钢

图 4.3-2　部件

2. 顶盖横梁与侧围结构（图4.3-3和图4.3-4）

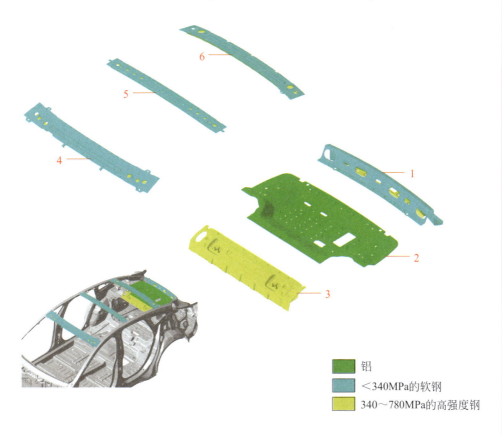

序号	零部件名称	主要材料
1	置物板后横梁总成	软钢
2	后置物板	铝合金
3	置物板前横梁总成	高强度钢
4	顶盖前横梁总成	软钢
5	顶盖中横梁总成	软钢
6	顶盖后横梁总成	软钢

图4.3-3　顶盖横梁与侧围结构

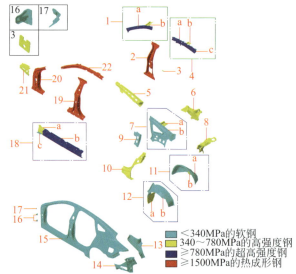

序号	零部件名称		主要材料
1	左侧围A柱上部内板总成	a：左侧围A柱上部内板	超高强度钢
		b：左侧围前横梁角接板	高强度钢
2	左侧围B柱内板		热成形钢
3	前排座椅卷收器安装加强板		高强度钢
4	左侧围A柱上部内板后段总成	a：顶棚线束安装支架	软钢
		b：左侧围中横梁角接板	高强度钢
		c：左侧围A柱上部内板后段	超高强度钢
5	左后侧围上边梁外板		高强度钢
6	左后备厢铰链支撑板总成		高强度钢
7	左侧围C柱内板分总成	a：左后顶盖横梁延伸板	高强度钢
		b：左后侧围内板	软钢
8	左后轮罩加强梁总成		高强度钢
9	左C柱加强板上段		软钢
10	左C柱加强板总成		高强度钢
11	左后轮罩内板总成	a：左后轮罩内板	软钢
		b：左后减振器座安装板	高强度钢
12	左后轮罩外板总成	a：左后轮罩外板延伸板	高强度钢
		b：左后轮罩外板	软钢
13	左后侧围流水槽总成		软钢
14	左侧围尾灯板总成		软钢
15	左侧围外板		软钢
16	翼子板中间固定支架		软钢
17	左翼子板上固定支架		软钢
18	左侧围门槛总成	a：左侧围门槛加强板前段	高强度钢
		b：左侧围门槛加强板	超高强度钢
		c：左翼子板下固定支架	软钢
19	左侧围B柱加强板总成		热成形钢
20	左侧围A柱加强板总成		热成形钢
21	左前轮罩上边梁外板总成		高强度钢
22	左侧围A柱上部加强板		热成形钢

图 4.3-4　零部件

3. 前、后地板结构（图 4.3-5 ~ 图 4.3-7）

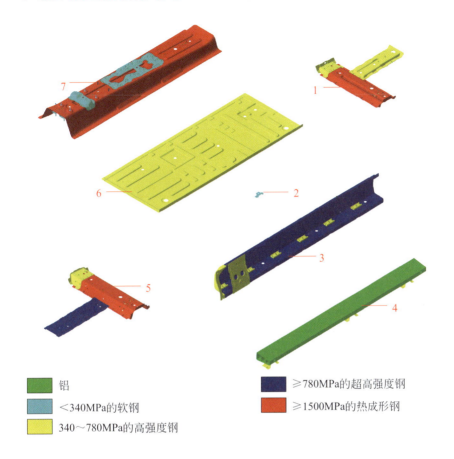

序号	零部件名称	主要材料
1	前排座椅左后横梁焊接总成(左右对称)	热成形钢
2	座椅线束接插件安装支架(左右对称)	软钢
3	左门槛内板总成(左右对称)	超高强度钢
4	左门槛内加强梁总成(左右对称)	铝合金
5	前排座椅左前横梁焊接总成(左右对称)	热成形钢
6	左前地板(左右对称)	高强度钢
7	中央通道总成	热成形钢

图 4.3-5　前、后地板结构

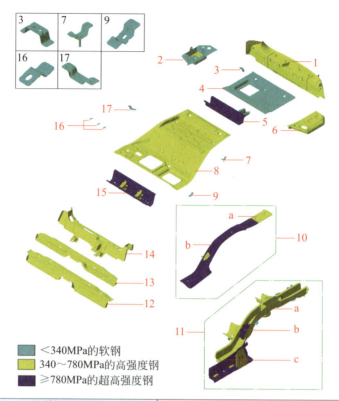

序号	零部件名称	主要材料	
1	后围横梁总成		高强度钢
2	右后地板总成		高强度钢
3	后地板线束支架		软钢
4	后地板本体		软钢
5	中地板后横梁总成		超高强度钢
6	后地板左边板		高强度钢
7	冷却水管支架Ⅰ		软钢
8	中地板本体		高强度钢
9	低频天线支架		软钢
10	左后纵梁上焊接总成(左右对称)	a：左后纵梁上部后段	高强度钢
		b：左后纵梁上部前段	超高强度钢
11	左后纵梁总成Ⅱ(左右对称)	a：左后纵梁下部前段	高强度钢
		b：后副车架左前加强板	超高强度钢
		c：左门槛后内板	超高强度钢
12	后地板前横梁		高强度钢
13	前横梁下加强板		高强度钢
14	后地板上横梁总成		高强度钢
15	中地板下横梁总成		超高强度钢
16	后安全带锁扣线束支架		软钢
17	后地板安装支架		软钢

图 4.3-6　零部件

第四章 扎根钣喷车间——成就"汽车钣金喷漆工匠"

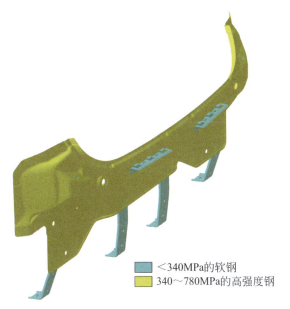

■ <340MPa的软钢
■ 340～780MPa的高强度钢

图 4.3-7 高强度钢后围外板

二、前舱部件更换

1. 上边梁的更换

（1）切割

如果机舱前上边梁或前搭铁板（角板）需要更换，需按照测量尺寸进行切割。前舱部件见图 4.3-8。

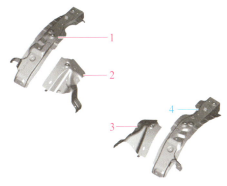

图 4.3-8 前舱部件
1—机舱右前上边梁总成；2—机舱右前搭铁板总成；
3—机舱左前搭铁板总成；4—机舱左前上边梁总成

99

❶ 测量并标记切割线的距离。

维修提示

从大灯安装支架安装孔（A）到机舱前上边梁切割线；从翼子板安装孔（B）到机舱前上边梁切割线（图 4.3-9）。图 4.3-9 中的维修符号含义见表 4.3-1。

表 4.3-1 维修符号

维修符号	说明
![	切割位置
▲	去除铆钉
▲	去除焊点（更换的面板位于外侧）

❷ 确定切割位置，使用纸质胶带对切割线进行定位，并用笔在纸质胶带上做记号（图 4.3-10）。

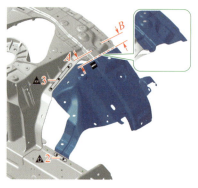

图 4.3-9 测量切割线距离
2，3—维修方式重复次数

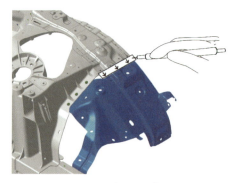

图 4.3-10 标记切割位置

❸ 在切割机舱左前上边梁之前，先初步切割，确保只切到机舱左前上边梁（图 4.3-11）。

❹ 打磨去除所有铆钉，加热机舱左前搭铁板与前塔座铆接部位，使结构胶失效，取下机舱左前上边梁与机舱左前搭铁板组合件（图 4.3-12 和图 4.3-13）。

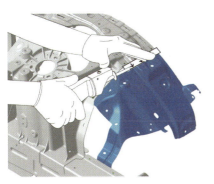
图 4.3-11　初步切割

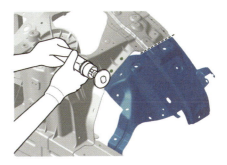
图 4.3-12　去除铆钉（一）

维修提示

　　铝板修复时，打磨飘起的铝粉对人体会造成伤害。作业应在独立的车间内完成，并正确佩戴防护用具。

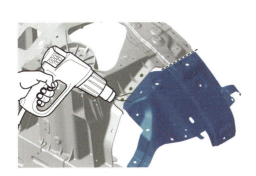
图 4.3-13　去除铆钉（二）

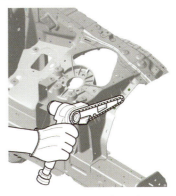
图 4.3-14　去除旧胶

❺ 为了避免对后续二次粘接的操作造成影响，修复前要将原来的粘胶去除。可使用加热去除、打磨去除和铲除等方法去除旧胶（图 4.3-14）。

（2）焊接

更换维修和焊接相关维修符号见表 4.3-2。

表 4.3-2　更换维修和焊接相关维修符号

维修符号	说明
	打磨

续表

维修符号	说明
![对接焊符号]	对接焊
![抽芯铆钉铆接符号]	抽芯铆钉铆接
![点焊符号]	点焊（更换的面板位于外侧）

❶ 新配件的切割范围　将切割线标记到新的机舱左前上边梁上，在搭接端增加 30mm 搭接长度，沿标记线切割（图 4.3-15）。

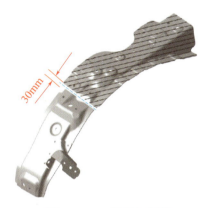

图 4.3-15　标记切割线

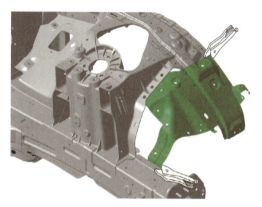

图 4.3-16　使用大力钳夹紧钣金配件

❷ 焊接操作方法

a. 使用大力钳夹紧钣金配件（图 4.3-16）。

临时安装前端模块和前大灯安装支架（图 4.3-17），对比调整钣金配件位置。

b. 根据车身尺寸数据，使用轨道测量尺测量对角线尺寸，根据数据要求调整钣金配件位置，直到符合标准，紧固所有夹具（图 4.3-18）。

c. 根据对接位置记号对机舱左前上边梁进行精确切割（图 4.3-19）。

d. 使用研磨机打磨（图 4.3-20），直至露出金属光泽。使用研磨机时，注意不要损坏其他的面板。使用清洁剂清洁打磨区域。

e. 使用气体保护焊进行焊接（图 4.3-21）。

图 4.3-17　大灯安装支架

图 4.3-18　测量对角线尺寸

图 4.3-19　对机舱左前上边梁切割

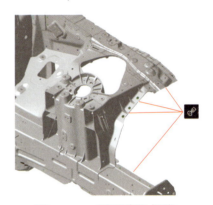

图 4.3-20　用研磨机打磨

f. 使用 ϕ6.5mm 钻头在机舱左前上边梁与前塔座上钻孔，钻孔时钻头应垂直于孔（图 4.3-22）。

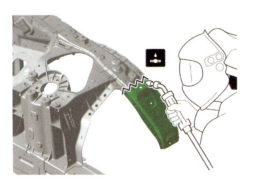

图 4.3-21　MAG 焊机焊接

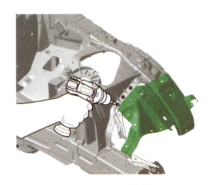

图 4.3-22　钻孔

g. 结构胶施工前,需使用清洁剂清洁板件(图4.3-23)。
将双组分的结构胶黏剂装入胶枪,喷涂结构胶(图4.3-24)。

图4.3-23　清洁板件　　　　　　图4.3-24　打胶

h. 将铆枪从前塔座朝搭铁板方向穿入钻好的孔3中。将抽芯铆钉铆接到位,退出铆枪(图4.3-25)。

i. 使用点焊机对机舱左前搭铁板与机舱左前上边梁2、前纵梁连接部位5进行点焊(图4.3-26)。

图4.3-25　接抽芯铆钉铆
3—维修方式重复次数

图4.3-26　点焊
2,5—维修方式重复次数

j. 使用研磨机研磨焊缝,切勿过度研磨(图4.3-27)。
k. 使用清洁剂清洁打磨区域(图4.3-28)。

第四章 扎根钣喷车间——成就"汽车钣金喷漆工匠"

> **维修提示**
>
> 清洁完成后,需要对钣金配件表面喷涂环氧底漆。环氧底漆干燥后才可以涂抹车身密封胶。

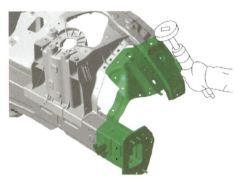

图 4.3-27 研磨焊缝

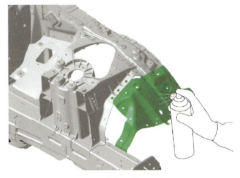

图 4.3-28 清洁打磨区域

1. 在各接合缝处涂密封胶(图 4.3-29)。

密封胶干燥后才可以进行喷涂油漆涂层工序,完成更换。

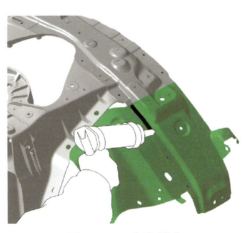

图 4.3-29 涂密封胶

扫一扫

视频精讲

2. 机舱前塔座的更换

机舱内前塔座和边梁钣金件见图 4.3-30。更换维修和焊接等方式见图 4.3-31,相关维修应用符号见表 4.3-3。

105

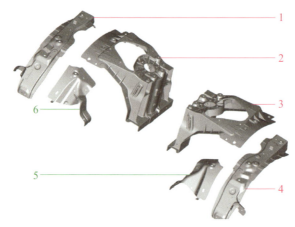

图 4.3-30　机舱内前塔座和边梁钣金件

1—机舱右前上边梁总成；2—右前塔座总成；3—左前塔座总成；
4—机舱左前上边梁总成；5—机舱左前搭铁板总成；6—机舱右前搭铁板总成

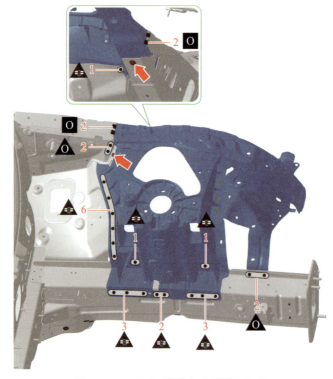

图 4.3-31　更换维修和焊接等方式

1，2，3，6—维修方式重复次数

表 4.3-3 相关维修应用符号

维修符号	说明
(图标)	去除铆钉
(图标)	去除焊点（更换的面板位于外侧）
(图标)	塞焊（更换的面板位于外侧）

在维修之前，要测量车身相关的位置尺寸，保证车辆的左右对称性。如图 4.3-32 所示为测量某故障车相关点位尺寸。

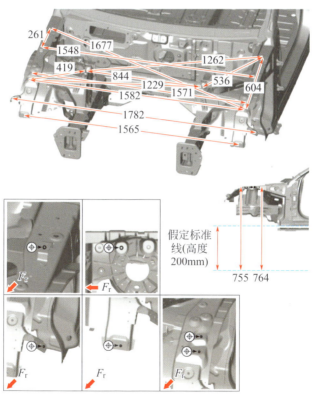

图 4.3-32 测量某故障车相关点位尺寸

（1）拆卸塔座

❶ 旋出固定螺栓（图 4.3-33）。

钻除及打磨所有焊点，使板件与车身分离。打磨去除所有铆钉，加热铆接部位，使结构胶失效，取下前塔座。

❷ 取下前塔座后，在原铆钉安装孔处标记号，并在相邻区域标记新的铆钉安装孔（图 4.3-34）。

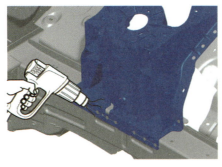
图 4.3-33　旋出固定螺栓

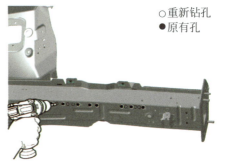
图 4.3-34　标记新的铆钉安装孔

❸ 可使用加热去除、打磨去除或铲除等方法去除旧胶，为了避免对后续二次粘接的操作造成影响，修复前要将原来的黏胶去除（图 4.3-35）。

❹ 校正拆卸板件后扭曲变形的折边（图 4.3-36）。

图 4.3-35　去除旧胶

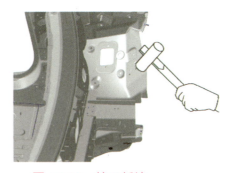
图 4.3-36　校正折边

（2）焊接

❶ 把前塔座安装就位，旋入固定螺栓，暂先无需紧固。使用虎钳夹夹紧。使用 $\phi 3.2mm$ 钻头在前塔座与前纵梁上钻孔，使用 4mm 自攻螺钉临时固定（图 4.3-37）。

❷ 使用轨道测量尺测量对角线尺寸（图 4.3-38）。

维修提示

　　板件更换前必须做完所有的校正工作，否则新板件不可能装配适当。根据数据要求调整板件位置，直到符合标准，紧固所有夹具。

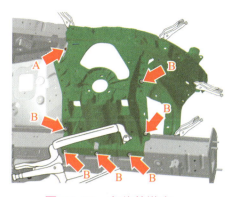

图 4.3-37　安装前塔座
A—固定螺栓；B—自攻螺钉

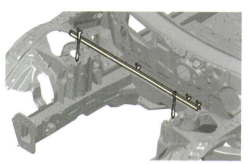

图 4.3-38　测量对角线尺寸

❸ 使用研磨机打磨直至露出金属光泽，注意不要损坏其他面板。结构胶施工前，需要使用清洁剂清洁，等待干燥后，进行下一步施工（图 4.3-39）。

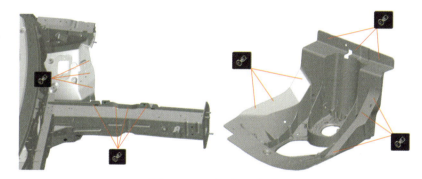

图 4.3-39　打磨及清洁

❹ 将双组分的结构胶黏剂装入胶枪，喷涂结构胶（图 4.3-40）。

图 4.3-40　喷涂结构胶

❺ 使用 $\phi6.5$ mm 钻头在前塔座与前纵梁上钻孔，钻孔时钻头应垂直于

孔。把抽芯铆钉装入电动铆钉枪枪口中（图 4.3-41）。

❻ 将铆钉枪从前塔座朝前轮罩封板下段、前纵梁、前搭铁板方向穿入钻好的孔中。将抽芯铆钉铆接到位，退出铆枪（图 4.3-42）。

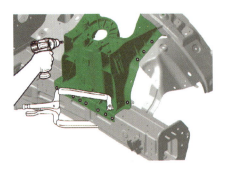

图 4.3-41　安装抽芯铆钉

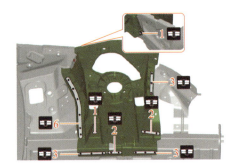

图 4.3-42　铆接抽芯铆钉
1，2，3，6—维修方式重复次数

❼ 使用点焊机对机舱左前搭铁板与机舱左前上边梁、前纵梁连接部位进行点焊。旋出固定螺栓（图 4.3-43 中箭头位置）。紧固螺栓拆卸后都必须更换。

❽ 使用 ϕ6.5mm 钻头在机舱左前上边梁与前塔座上钻孔，钻孔时钻头应垂直于孔（图 4.3-44）。

图 4.3-43　点焊
2—维修方式重复次数

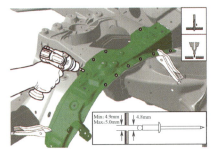

图 4.3-44　钻孔、安装抽芯铆钉

把抽芯铆钉装入电动铆钉枪枪口中。

❾ 结构胶施工前，使用清洁剂清洁，等待干燥后，进行下一步施工（图 4.3-45）。

❿ 将双组分的结构胶黏剂装入胶枪，喷涂结构胶（图 4.3-46）。

⓫ 将铆钉枪从塔座朝上边梁方向穿入钻好的孔中（图 4.3-47）。

第四章　扎根钣喷车间——成就"汽车钣金喷漆工匠"

将抽芯铆钉铆接到位，退出铆钉枪。

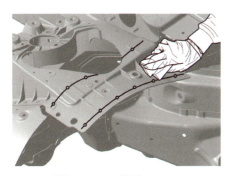

图 4.3-45　清洁

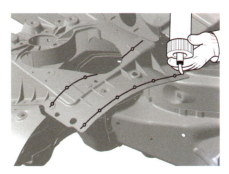

图 4.3-46　喷涂结构胶

⑫ 使用 MAG 焊机进行塞焊。

使用点焊机对机舱左前搭铁板和机舱左前上边梁连接部位进行点焊（图 4.3-48）。

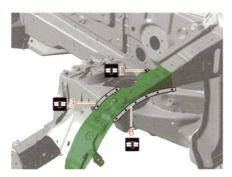

图 4.3-47　铆接抽芯铆钉
1，3，6—维修方式重复次数

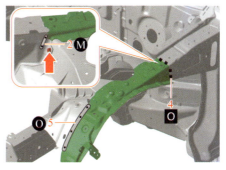

图 4.3-48　点焊
2，4，5—维修方式重复次数

紧固机舱左前上边梁总成固定螺栓。

⑬ 焊接完成、研磨焊点后，需要对板件表面喷涂环氧底漆进行防腐处理（图 4.3-49）。

⑭ 在各接合缝处涂密封胶（图 4.3-50）。

维修提示

环氧底漆干燥后才可以进行涂抹车身密封胶。

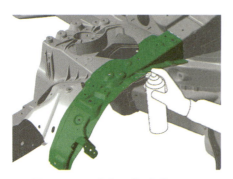

图 4.3-49　喷涂环氧底漆

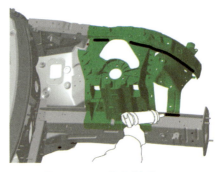

图 4.3-50　涂密封胶

3. 纵梁和防撞梁的更换

（1）拆卸事项

纵梁和防撞梁钣金件见图 4.3-51。维修和切割方式标记见图 4.3-52。开始维修前，需要测量以下相关节点尺寸：从大灯左安装支架安装孔（A）到机舱左前上边梁切割线、从翼子板安装孔（B）到机舱左前上边梁切割线、从前纵梁工艺孔（C）到前纵梁内板切割线以及从前纵梁支架（D）到前纵梁外板切割线。

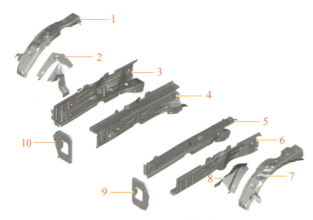

图 4.3-51　纵梁和防撞梁钣金件

1—机舱右前上边梁总成；2—机舱右前搭铁板总成；3—右前纵梁外板；
4—右前纵梁内板总成；5—左前纵梁内板总成；6—左前纵梁外板；7—机舱左前上边梁总成；
8—机舱左前搭铁板总成；9—前防撞梁左安装板总成；10—前防撞梁右安装板总成

❶ 测量并标记切割线的距离。

❷ 使用纸质胶带对切割线进行定位（图 4.3-53），并用笔在纸质胶带上做记号。

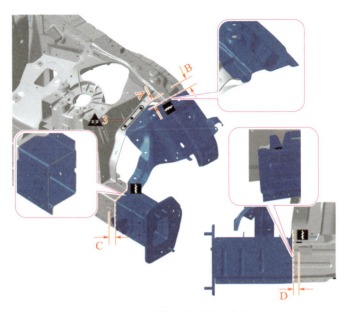

图 4.3-52 维修和切割方式标记
3—维修方式重复次数

> **维修提示**
>
> 按照前纵梁损坏程度分别切割前纵梁内板与前纵梁外板时，需相互错开 50mm 以确定切割线。

❸ 在切割机舱左前上边梁、前纵梁内板总成和前纵梁外板之前，先初步切割，确保没有损伤其他部件。

如图 4.3-54 所示，根据标记切割位置进行切割。

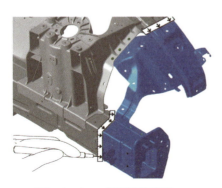

图 4.3-53 对切割线定位

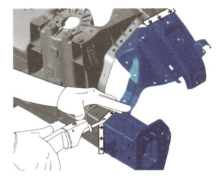

图 4.3-54 根据标记切割位置进行切割

❹ 如图 4.3-55 所示打磨去除所有铆钉，加热铆接部位（图 4.3-56），使结构胶失效，取下板件。

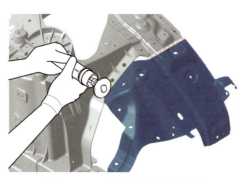

图 4.3-55　打磨去除所有铆钉　　　　图 4.3-56　加热铆接部位

❺ 可使用加热去除、打磨去除或铲除等方法去除旧胶，为了避免对后续二次粘接的操作造成影响，修复前要将原来的黏胶去除。

（2）安装事项

❶ 切割

a. 将切割线标记到新的机舱左前上边梁上，在搭接端增加 30mm 搭接长度，沿标记线切割（图 4.3-57）。

图 4.3-57　切割线

b. 将切割线标记到新的前纵梁内外板上，在搭接端增加 30mm 搭接长度，沿标记线切割（图 4.3-58）。

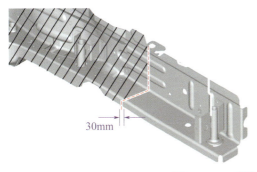
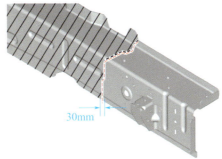

图 4.3-58　沿标记线切割

❷ 焊接

a. 使用大力钳夹紧板件。临时安装前端模块和前大灯安装支架,调整板件位置（图 4.3-59）。

b. 使用轨道测量尺测量对角线尺寸。根据数据要求调整板件位置,直到符合标准,紧固所有夹具（图 4.3-60）。

c. 使用研磨机打磨直至露出金属光泽（图 4.3-61）。注意,不要损坏其他面板。使用清洁剂清洁打磨区域。

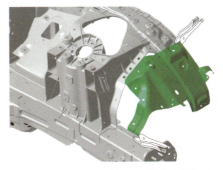

图 4.3-59　夹紧板件、调整板件位置

d. 根据对接位置记号对机舱左前上边梁进行精确切割（图 4.3-62）。

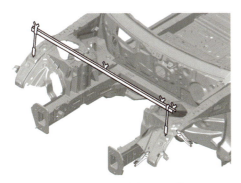
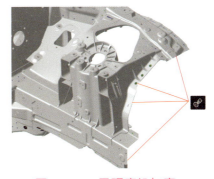

图 4.3-60　测量对角线尺寸　　　　　图 4.3-61　用研磨机打磨

e. 使用 MAG 焊机进行对接焊（图 4.3-63）。

f. 使用 $\phi 6.5mm$ 钻头在机舱左前上边梁与前塔座上钻孔,钻孔时钻头应垂直于孔（图 4.3-64）。把抽芯铆钉装入电动铆钉枪枪口中。

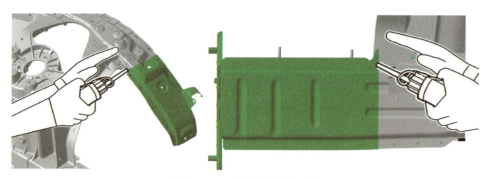

图 4.3-62　进行精确切割

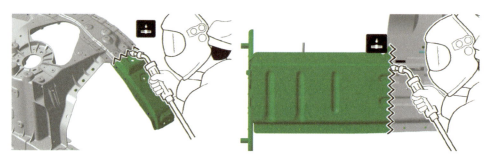

图 4.3-63　进行对接焊

图 4.3-64　钻孔

　　g. 结构胶施工前，使用清洁剂清除（图 4.3-65），等待干燥后，进行下一步施工。

　　将双组分的结构胶黏剂装入胶枪，喷涂结构胶（图 4.3-66）。

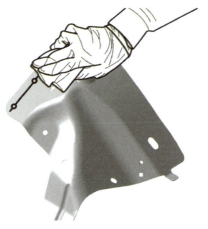

图 4.3-65　清洁　　　　　　　　图 4.3-66　喷涂结构胶

h. 将铆钉枪从前塔座朝搭铁板方向穿入钻好的孔中。将抽芯铆钉铆接到位，退出铆钉枪（图 4.3-67）。

i. 使用点焊机对机舱左前搭铁板与机舱左前上边梁、前纵梁连接部位进行点焊；对前防撞梁安装板进行点焊（图 4.3-68）。

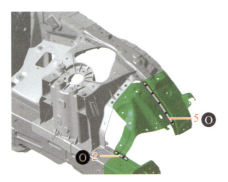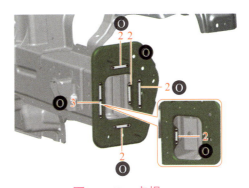

图 4.3-67　铆接抽芯铆钉　　　　　图 4.3-68　点焊
　2、5—维修方式重复次数　　　　　2、3—维修方式重复次数

j. 使用研磨机研磨焊缝（图 4.3-69），切勿过度研磨。用清洁剂清洁打磨区域。

k. 清洁完成后，需要对板件表面喷涂环氧底漆（图 4.3-70）。环氧底漆干燥后才可以进行涂抹车身密封胶。

l. 在各接合缝处涂适用的密封胶（图 4.3-71）。

m. 对板件内部喷涂防锈蜡进行防腐处理（图 4.3-72），完成更换。防锈蜡干燥后才可以进行喷涂油漆涂层工序。

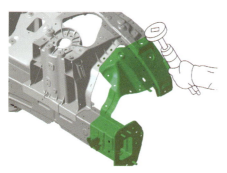

图 4.3-69　研磨焊缝

图 4.3-70　喷涂环氧底漆

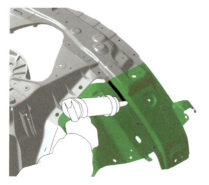

图 4.3-71　涂密封胶

图 4.3-72　喷涂防锈蜡

4. 更换纵梁总成

（1）拆卸事项

前纵梁总成件见图 4.3-73。更换、维修和焊接等方式见图 4.3-74。开始

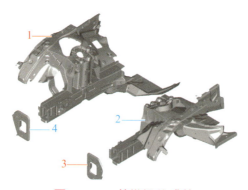

图 4.3-73　前纵梁总成件

1—右前纵梁总成；2—左前纵梁总成；
3—前防撞梁左安装板总成；4—前防撞梁右安装板总成

维修前，需要测量以下相关节点尺寸（图 4.3-75）：从前纵梁工艺孔（A）到前纵梁内板切割线；从前轮罩封板下段边缘（B）到前纵梁外板切割线；从前副车架安装支架边缘（C）到前纵梁外板切割线。

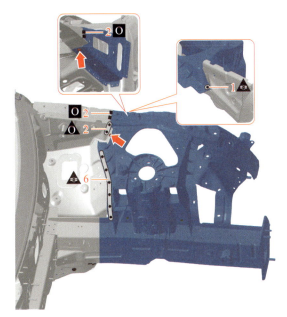

图 4.3-74　更换、维修和焊接方式
1，2，6—维修方式重复次数

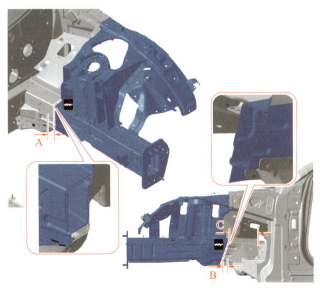

图 4.3-75　测量切割线

119

❶ 测量并标记切割线的距离。

维修提示

按照前纵梁损坏程度分别切割前纵梁内板和外板时，需间隔 50mm 以确定切割线。

❷ 使用纸质胶带对切割线进行定位，并用笔在纸质胶带上做记号（图 4.3-76）。

图 4.3-76　标记切割线

❸ 在切割机舱左前上边梁之前，先初步切割，确保只切到机舱左前上边梁。

❹ 钻除所有焊点，使前纵梁切割件与车身分离。打磨去除所有铆钉，加热铆接部位，使结构胶失效，取下前纵梁切割件（图 4.3-77 和图 4.3-78）。

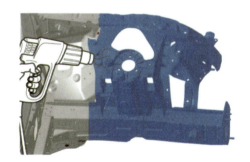

图 4.3-77　钻除焊点　　　　　　　　图 4.3-78　去结构胶

❺ 可使用加热去除、打磨去除或铲除等方法去除旧胶，为了避免对后续二次粘接的操作造成影响，修复前要将原来的黏胶去除（图 4.3-79）。

❻ 校正去除板件后扭曲变形的折边（图 4.3-80）。

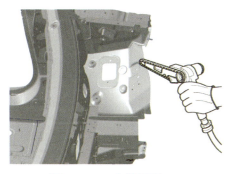
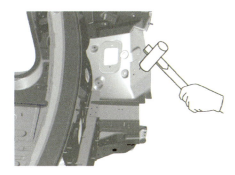

图 4.3-79　去除旧胶　　　　　　　图 4.3-80 去除折边

（2）切割新件

将切割线标记到新的前纵梁上，在搭接端增加 30mm 搭接长度，沿标记线切割（图 4.3-81）。

（3）焊接

❶ 旋入固定螺栓，暂先无需紧固。在校正台上把前纵梁切割件安装就位，并使用大力钳夹紧。大力钳无法满足定位需求的部位，可采用临时焊接定位。使用 ϕ3.2mm 钻头在前塔座与前纵梁上钻孔，使用 4mm 自攻螺钉临时固定（图 4.3-82）。

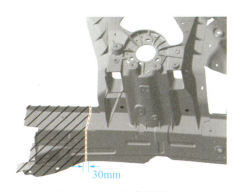
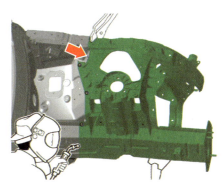

图 4.3-81　切割新件　　　　　　　图 4.3-82　夹固

❷ 使用轨道测量尺测量对角线尺寸，根据数据要求调整板件位置，直到符合标准，紧固所有夹具。临时安装前防撞梁、前端模块、前大灯支架、三角梁等附件，调整部件位置（图 4.3-83 和图 4.3-84）。

❸ 使用研磨机打磨直至露出金属光泽，注意不要损坏其他面板（图 4.3-85）。

❹ 根据对接位置记号对机舱左前上边梁进行精确切割（图 4.3-86）。

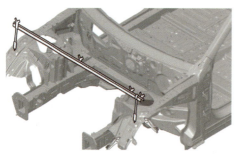

图 4.3-83　测量

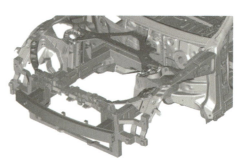

图 4.3-84　临时安装附件

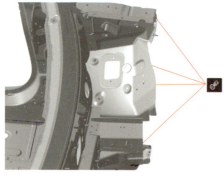

图 4.3-85　打磨

图 4.3-86　切割

❺ 使用 $\phi 6.5mm$ 钻头在前塔座与前轮罩封板下段上钻孔，钻孔时钻头应垂直于孔（图 4.3-87）。把抽芯铆钉装入电动铆钉枪枪口中。

❻ 结构胶施工前，使用清洁剂清洁，等待干燥后，进行下一步施工。将双组分的结构胶黏剂装入胶枪，喷涂结构胶（图 4.3-88）。

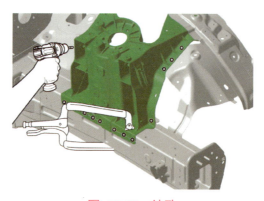

图 4.3-87　钻孔

❼ 将铆钉枪从前塔座朝前轮罩封板下段方向穿入钻好的孔中。将抽芯

铆钉铆接到位,退出铆钉枪(图4.3-89)。

图4.3-88　喷涂结构胶

❽ 使用MAG焊机进行塞焊(图4.3-90)。紧固机舱左前上边梁总成固定螺栓。

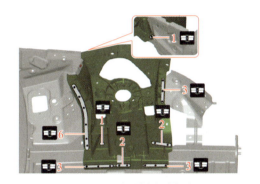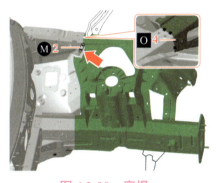

图4.3-89　铆接抽芯铆钉
1,2,3,6—维修方式重复次数

图4.3-90　塞焊
2,4—维修方式重复次数

❾ 使用MAG焊机进行对接焊(图4.3-91)。

❿ 使用研磨机研磨焊接区域(图4.3-92)。研磨后,需要对研磨区域喷涂锌粉喷剂。

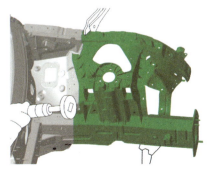

图4.3-91　对接焊

图4.3-92　研磨焊接区域

⑪ 使用点焊机对前防撞梁安装板进行点焊（图 4.3-93）。
⑫ 使用清洁剂清洁需密封部位，在各接合缝处涂密封胶（图 4.3-94）。

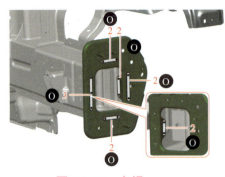

图 4.3-93　点焊
2，3—维修方式重复次数

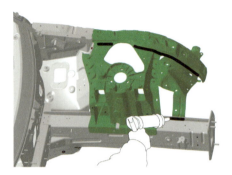

图 4.3-94　涂密封胶

⑬ 对板件内部喷涂防锈蜡进行防腐处理（图 4.3-95）。

图 4.3-95　喷涂防锈蜡

5. 前纵梁和防撞梁安装板总成的更换

（1）拆卸事项

前纵梁和防撞梁安装板总成件见图 4.3-96。

❶ 使用大力钳等工具将前纵梁固定（图 4.3-97）。

❷ 钻除前纵梁与前围板连接部位焊点（图 4.3-98）。

❸ 钻除前纵梁内斜撑梁上板、前纵梁根部连接下板与前地板连接部位焊点（图 4.3-99）。

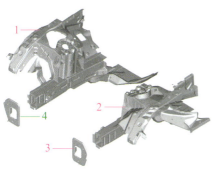
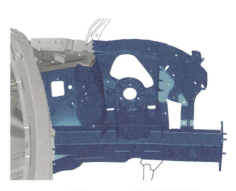

图 4.3-96　前纵梁和防撞梁安装板总成
1—左前纵梁总成；2—右前纵梁总成；
3—前防撞梁左安装板总成；4—前防撞梁右安装板总成

图 4.3-97　固定前纵梁

图 4.3-98　维修标记
1，2，3，4，6—维修方式重复次数

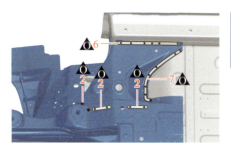
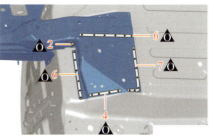

图 4.3-99　钻除焊点
2，4，6，7—维修方式重复次数

④ 钻除前纵梁后段与前地板连接部位焊点（图4.3-100）。
⑤ 旋出前纵梁与A柱前边梁封板固定螺栓（图4.3-101）。
拆下大力钳等固定工具，使前纵梁与车身分离。

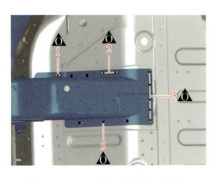
图4.3-100 钻除前纵梁后段与前地板连接部位焊点
1，2，5—维修方式重复次数

图4.3-101 旋出固定螺栓

⑥ 校正去除板件后扭曲变形的折边（图4.3-102）。

（2）准备新件

为了进行塞焊，首先在前纵梁外斜撑梁下板、前纵梁后段、前纵梁内板及前纵梁根部连接下板上钻孔（图4.3-103）。

图4.3-102 去除折边

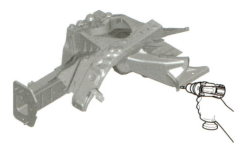
图4.3-103 钻孔

（3）焊接

❶ 旋入固定螺栓，暂无需紧固。

在校正台上把前纵梁切割件安装就位，并使用大力钳夹紧。大力钳无法满足定位需求的部位，可采用临时焊接定位（图4.3-104）。

使用 ϕ3.2mm 钻头在前塔座与前纵梁上钻孔，使用4mm自攻螺钉临时固定。

❷ 通过测量进行精确匹配，根据数据调整前纵梁位置，直到符合标准

(图 4.3-105)。

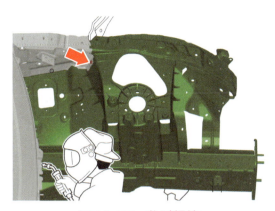

图 4.3-104　临时焊接

临时安装前防撞梁、前端模块、前大灯支架、三角梁等附件，调整部件位置（图 4.3-106）。

图 4.3-105　测量前纵梁

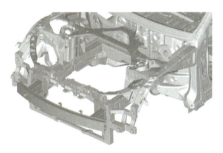

图 4.3-106　调整部件

❸ 使用清洁剂清洁打磨区域（图 4.3-107）。

❹ 在焊接前，需要喷涂锌粉喷剂对板件的结合面进行防腐处理，锌粉喷剂完全遮盖裸露的金属后即可停止操作（图 4.3-108）。

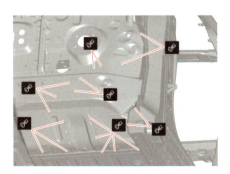

图 4.3-107　清洁打磨区域

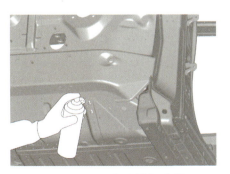

图 4.3-108　喷涂锌粉喷剂

❺ 使用 MAG 焊机进行塞焊（图 4.3-109 和图 4.3-110）。

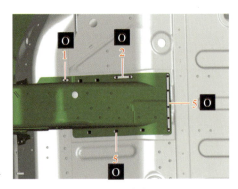

图 4.3-109　塞焊（一）

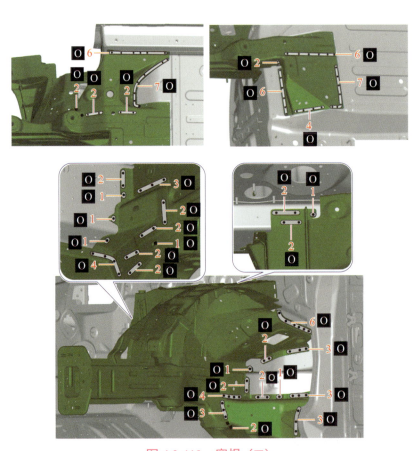

图 4.3-110　塞焊（二）
1，2，3，4，6，7—维修方式重复次数

❻ 使用研磨机研磨焊接区域（图 4.3-111）。
❼ 使用清洁剂清洁打磨区域（图 4.3-112）。

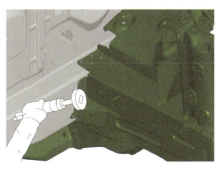

图 4.3-111　研磨焊接区域

图 4.3-112　清洁打磨区域

维修提示

研磨后，需要对板件表面喷涂环氧底漆进行防腐处理。环氧底漆干燥后才可以涂抹车身密封胶。

❽ 在各接合缝处涂适用的密封胶（图 4.3-113）。

6. 前轮罩上边梁外板总成的更换

（1）拆卸事项

前轮罩上边梁外板总成见图 4.3-114。

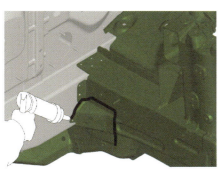

图 4.3-113　涂密封胶

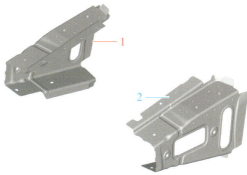

图 4.3-114　前轮罩上边梁外板总成
1—右前轮罩上边梁外板总成；
2—左前轮罩上边梁外板总成

129

❶ 钻除及打磨所有焊点（图 4.3-115），使前轮罩上边梁外板总成与车身分离。

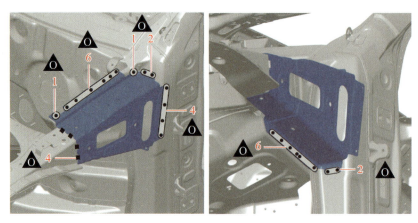

图 4.3-115　钻除及打磨所有焊点
1，2，4，6—维修方式重复次数

❷ 旋出前轮罩上边梁外板总成固定螺栓（图 4.3-116）。
❸ 校正去除板件后扭曲变形的折边（图 4.3-117）。

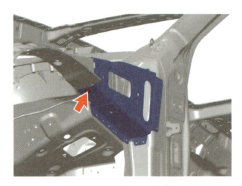

图 4.3-116　旋出固定螺栓

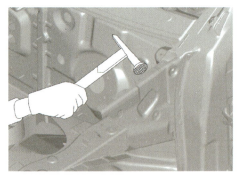

图 4.3-117　校正折边

（2）准备新件
首先在前轮罩上边梁外板总成钻 8.0mm 的塞焊孔（图 4.3-118）。
（3）焊接
❶ 安装前轮罩上边梁外板总成。旋入固定螺栓，暂无需紧固。把前轮罩上边梁外板总成安装就位，使用大力钳夹紧（图 4.3-119）。
❷ 根据数据要求调整前轮罩上边梁外板总成位置（图 4.3-120），直到符合标准，紧固所有大力钳。

第四章 扎根钣喷车间——成就"汽车钣金喷漆工匠"

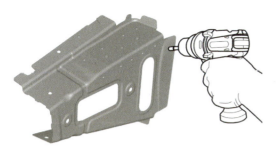

图 4.3-118 钻孔

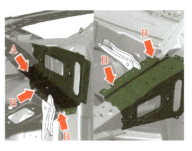

图 4.3-119 固定螺栓并用大力钳夹紧

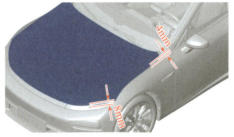

图 4.3-120 测量和调整

❸ 使用研磨机打磨直至露出金属光泽。使用清洁剂清洁打磨区域（图 4.3-121）。

❹ 在焊接前，需要喷涂锌粉喷剂对板件的结合面进行防腐处理（图 4.3-122），锌粉喷剂完全遮盖裸露的金属后即可停止操作。

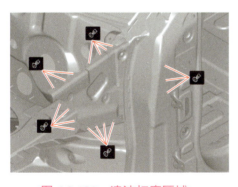

图 4.3-121 清洁打磨区域

图 4.3-122 喷涂锌粉喷剂

❺ 使用 MAG 焊机进行塞焊（图 4.3-123）。
❻ 使用研磨机研磨焊接区域（图 4.3-124）。
❼ 使用清洁剂清洁打磨区域（图 4.3-125）。

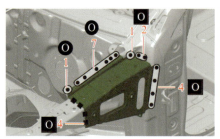 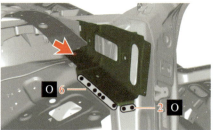

图 4.3-123　焊接

1，2，4，6，7—维修方式重复次数

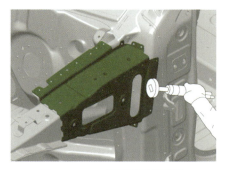 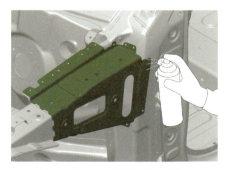

图 4.3-124　研磨焊接区域　　　　图 4.3-125　清洁打磨区域

维修提示

研磨后，需要对板件表面喷涂环氧底漆进行防腐处理。环氧底漆干燥后才可以涂抹车身密封胶。

❽ 在各接合缝处涂密封胶（图 4.3-126）。

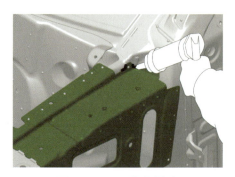

图 4.3-126　涂密封胶

三、更换后部钣金件

1. 后翼子板的拆装

（1）拆卸事项

如果使用火焰进行切割，则因插入了隔热板，可能引起火灾。所以在对隔热板插入区域附近进行切割作业时，应避免使用火焰，而使用气锯或钻机。

❶ 在图 4.3-127 所示的 A 区域的 3 个位置进行粗切割。

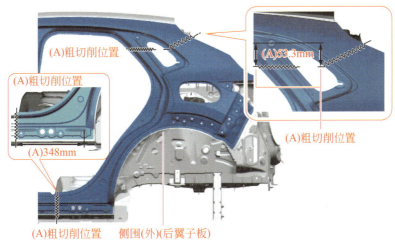

图 4.3-127　切割区域 A

❷ 在图 4.3-128 所示的 B 区域的每个位置钻点焊孔。
❸ 拆下侧围（后翼子板）。

（2）安装事项

❶ 在安装新的零部件时，根据需要测量和调整车身，以确保符合标准尺寸。
❷ 在安装新的零部件之前钻孔。
❸ 在临时安装新的零部件之后，确保相关零部件得到正确的安装。
❹ 在图 4.3-127 所示 A 区域的点位进行切割和接合。

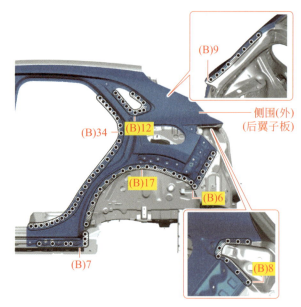

图 4.3-128　焊孔区域 B

6，7，8，9，12，17，34—维修方式重复次数

❺ 在图 4.2-128 所示 B 区域的点位进行塞焊，然后安装侧围（后翼子板）。

2. 后翼子板下侧钣金件的拆装

（1）拆卸事项

❶ 在如图 4.3-129 所示的位置处钻点焊孔。

❷ 拆下后翼子板板件（下）。

（2）安装事项

❶ 在安装新的零部件时，根据需要测量和调整车身，以确保符合标准尺寸。

❷ 在临时安装新的零部件之后，确保相关零部件得到正确的安装。

❸ 安装新部件前，在图 4.3-130 所示 B 区域的点位钻孔，以便塞焊。

❹ 在如图 4.3-130 所示 A 区域的点位进行点焊。

❺ 在如图 4.3-130 示 B 区域的点位进行塞焊，然后安装后翼子板（下）。

3. 角板的拆装

（1）拆卸事项

❶ 在如图 4.3-131 所示的 A 区域的点位钻点焊孔。

第四章 扎根钣喷车间——成就"汽车钣金喷漆工匠"

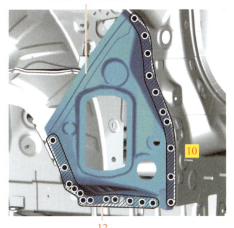

图 4.3-129 后翼子板（下）
10，12—维修方式重复次数

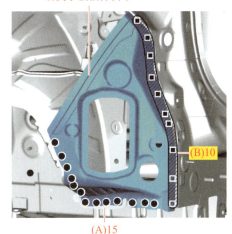

图 4.3-130 点焊区域 A 和塞焊区域 B
10，15—维修方式重复次数

❷ 拆下角板（内层钣金件）。

❸ 在如图 4.3-132 所示 B 区域的点位钻点焊孔。

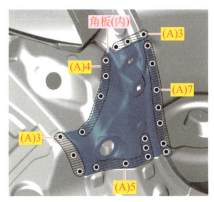

图 4.3-131 焊孔区域 A
3，4，5，7—维修方式重复次数

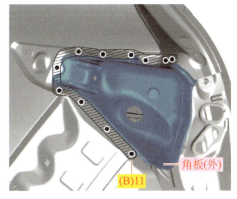

图 4.3-132 焊孔区域 B
11—维修方式重复次数

❹ 拆下角板（外）。

（2）安装事项

❶ 在安装新的零部件时，根据需要测量和调整车身，以确保符合标准尺寸。

❷ 在安装新的零部件之前钻孔。

❸ 在临时安装新的零部件之后，确保相关零部件得到正确的安装。

❹ 在如图 4.3-133 所示 A 区域的点位进行塞焊，然后安装角板（外）。

❺ 在如图 4.3-134 所示 B 区域的点位进行塞焊。

❻ 在如图 4.3-134 所示 C 区域的点位进行塞焊。

❼ 在如图 4.3-134 所示 D 区域的点位进行点焊，然后安装角板（内）。

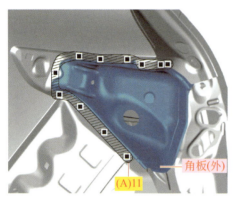

图 4.3-133　塞焊区域 A
11—维修方式重复次数

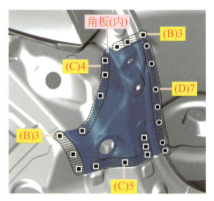

图 4.3-134　塞焊区域 B、C 和点焊区域 D
3，4，5，7—维修方式重复次数

4. 角接接头的拆装

（1）拆卸事项

❶ 使用带式打磨机，从车内在如图 4.3-135 所示 A 区域的位置打磨电弧焊处。

❷ 从车内在如图 4.3-135 所示 B 区域的点位钻点焊孔。

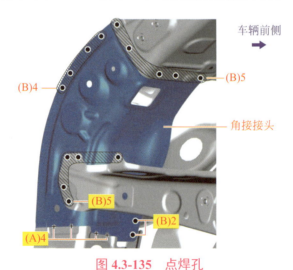

图 4.3-135　点焊孔
2，4，5—维修方式重复次数

❸ 拆下角板连接板。

（2）角接接头的安装

❶ 在安装新的零部件时，根据需要测量和调整车身，以确保符合标准尺寸。

❷ 在安装新的零部件之前钻孔。

❸ 在临时安装新的零部件之后，确保相关零部件得到正确的安装。

❹ 从内部在如图 4.3-135 所示 A 区域的点位进行点焊。

❺ 从内部在如图 4.3-135 所示 B 区域点位进行塞焊。

❻ 在如图 4.3-135 所示 B 区域的点位进行电弧点焊，然后安装角接接头。

5. 后尾板的拆装

（1）拆卸事项

❶ 在如图 4.3-136 所示 A 区域的位置进行粗切割。

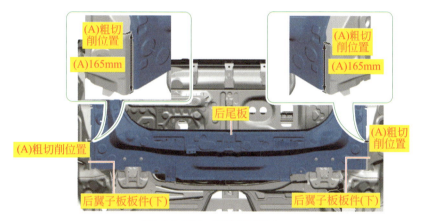

图 4.3-136　切割区域 A

❷ 在如图 4.3-137 所示 B 区域的点位钻点焊孔。

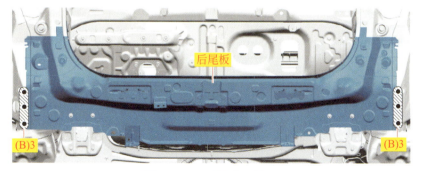

图 4.3-137　焊孔区域 B

3—维修方式重复次数

❸ 沿如图 4.3-138 所示箭头 1 的方向弯曲后翼子板（下）。

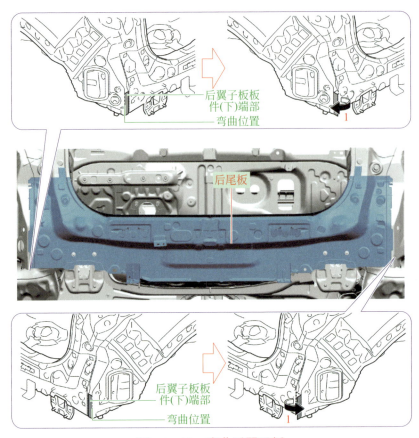

图 4.3-138　弯曲后翼子板

❹ 在如图 4.3-139 所示 C 区域的位置钻点焊孔。

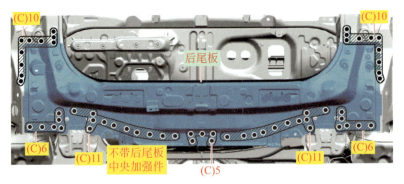

图 4.3-139　焊孔区域 C
5，6，10，11—维修方式重复次数

❺ 从车内在如图 4.3-140 所示 D 区域的位置钻点焊孔。
❻ 使用带式打磨机,从车内在如图 4.3-140 所示 E 区域的位置打磨电弧焊处。

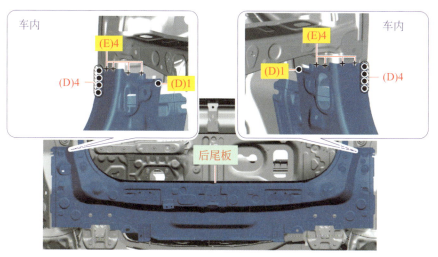

图 4.3-140　焊孔区域 D 和打磨电弧焊区域 E
1,4—维修方式重复次数

❼ 沿着如图 4.3-141 所示箭头 2 的方向拉动后尾板下端,同时将下板从双头螺栓上拉下。

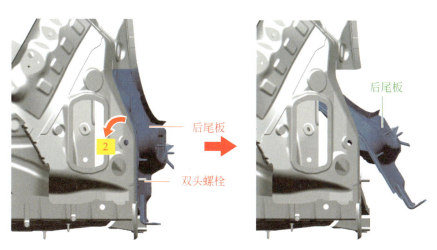

图 4.3-141　尾板与双头螺栓

❽ 沿如图 4.3-142 所示箭头 3 的方向拉出后尾板,然后将其拆下。

（2）安装事项

❶ 在安装新的零部件时，根据需要测量和调整车身，以确保符合标准尺寸。

❷ 在安装新的零部件之前钻孔。

❸ 在临时安装新的零部件之后，确保相关零部件得到正确的安装。

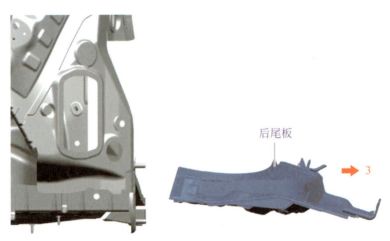

图 4.3-142　拆卸尾板

❹ 沿如图 4.3-143 所示箭头 1 的方向插入后尾板。

❺ 推动后尾板的芯件端，尽管已插入双头螺栓，仍沿着如图 4.3-144 所示箭头 2 的方向进行安装。

❻ 在如图 4.3-145 所示 A 区域的位置进行塞焊。

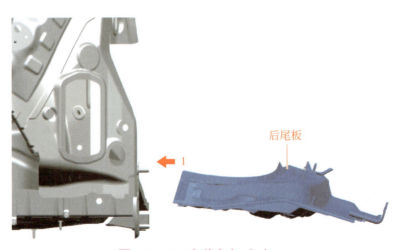

图 4.3-143　安装方向（一）

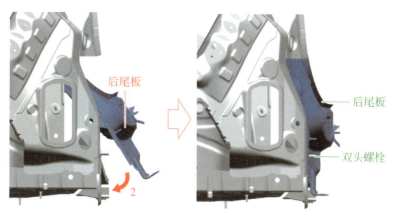

图 4.3-144　安装方向（二）

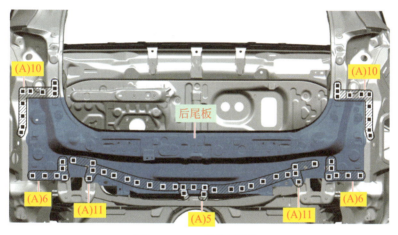

图 4.3-145　塞焊区域 A

5，6，10，11—维修方式重复次数

❼ 沿如图 4.3-146 所示箭头 1 的方向修理后翼子板（下）端部。

维修提示

　　如果后尾板和修理的后翼子板（下）端部之间有间隙，振动及塞焊期间烧穿的焊接问题可能引起异常噪声。在修理后翼子板（下）端部后进行塞焊时，用虎钳将其固定好，以防后尾板间出现间隙。

❽ 在如图 4.3-147 所示 B 区域的位置进行切割和接合。
❾ 在如图 4.3-148 所示 C 区域的位置进行塞焊。

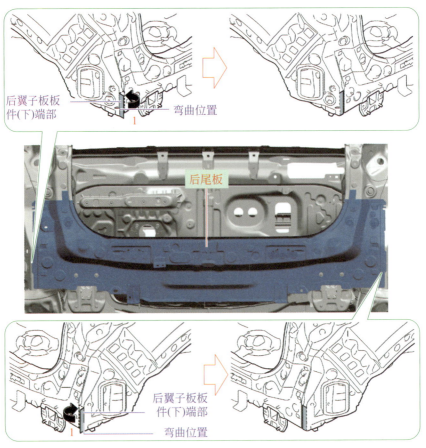

图 4.3-146　修理后翼子板（下）端部

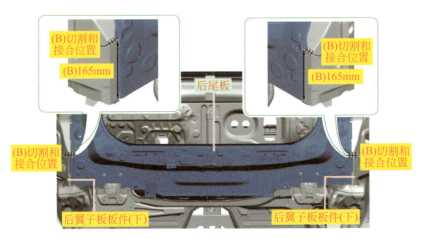

图 4.3-147　切割和接合区域 B

第四章　扎根钣喷车间——成就"汽车钣金喷漆工匠"

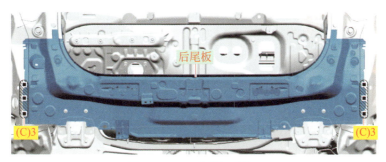

图 4.3-148　塞焊区域 C
3—维修方式重复次数

❿ 从内部在如图 4.3-149 所示 D 区域的位置进行塞焊。
⓫ 在如图 4.3-149 所示 E 区域的位置进行电弧点焊，然后安装后尾板。

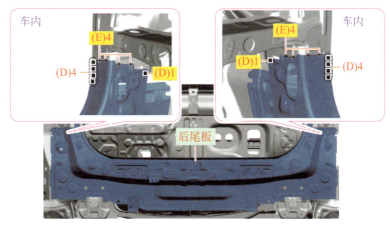

图 4.3-149　安装后尾板
1，4—维修方式重复次数

6. 后柱外侧板的拆装

（1）拆卸事项

❶ 在如图 4.3-150 所示 A 区域的位置进行粗切割。
❷ 在如图 4.3-150 所示 B 区域的位置钻点焊孔。
❸ 拆卸后柱（外）。

（2）安装事项

❶ 在安装新的零部件时，根据需要测量和调整车身，以确保符合标准尺寸。
❷ 在安装新的零部件之前钻孔。

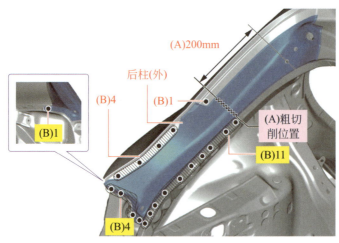

图 4.3-150　切割区域 A 和焊孔区域 B
1，4，11—维修方式重复次数

❸ 在临时安装新的零部件之后，确保相关零部件得到正确的安装。
❹ 将部件切割和接合至如图 4.3-151 所示的 A 区域。
❺ 在如图 4.3-151 所示 B 区域的位置进行点焊。
❻ 在如图 4.3-151 所示 C 区域的位置进行塞焊，然后安装后柱（外）。

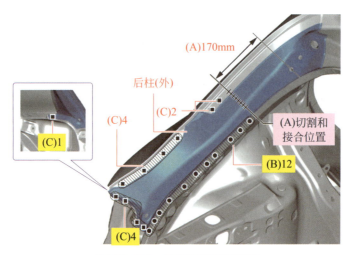

图 4.3-151　安装后柱外侧板
1，2，4，12—维修方式重复次数

7. D 柱加强板的拆装

（1）拆卸事项

❶ 在如图 4.3-152 所示 A 区域的点位钻点焊孔。

❷ 在如图 4.3-152 所示 B 区域的点位钻点焊孔。

❸ 拆下 D 柱加强板。

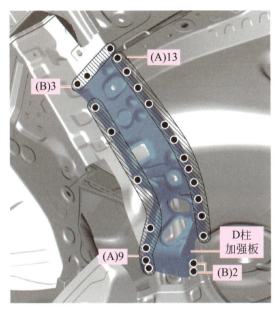

图 4.3-152　焊孔区域 B

2，3，9，13—维修方式重复次数

（2）安装事项

❶ 在安装新的零部件时，根据需要测量和调整车身，以确保符合标准尺寸。

❷ 在安装新的零部件之前钻孔。

❸ 在临时安装新的零部件之后，确保相关零部件得到正确的安装。

❹ 在如图 4.3-152 所示 A 区域的位置进行塞焊。

❺ 在如图 4.3-152 所示 B 区域的位置进行塞焊，然后安装 D 柱加强板。

8. 后侧板的拆装

（1）拆卸事项

❶ 从车内在如图 4.3-153 所示 A 区域的点位钻点焊孔。

❷ 从车内在如图 4.3-153 所示 B 区域的点位钻点焊孔。

❸ 拆下后侧板。

（2）安装事项

❶ 在安装新的零部件时，根据需要测量和调整车身，以确保符合标准尺寸。

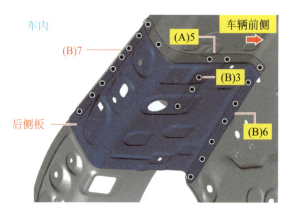

图 4.3-153　后侧板的拆卸
3，5，6，7—维修方式重复次数

❷ 在安装新的零部件之前钻孔。

❸ 在临时安装新的零部件之后，确保相关零部件得到正确的安装。

❹ 从内部在如图 4.3-154 所示 A 区域的位置进行塞焊。

❺ 在如图 4.3-154 所示 B 区域的位置进行塞焊，然后安装后侧板。

9. 地板侧板的拆装

（1）拆卸事项

❶ 在如图 4.3-154 所示 A 区域的点位钻点焊孔。

❷ 拆下 1 号地板侧板。

❸ 在如图 4.3-155 所示 B 区域的点位钻点焊孔。

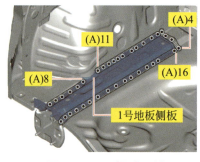

图 4.3-154　焊孔区域 A
4，8，11，16—维修方式重复次数

图 4.3-155　焊孔区域 B、C
1，4，5—维修方式重复次数

❹ 从后轮罩处在如图 4.3-155 所示 C 区域的点位钻点焊孔。

❺ 拆下 2 号地板侧板。

（2）安装事项

❶ 在安装新的零部件时，根据需要测量和调整车身，以确保符合标准尺寸。

❷ 在安装新的零部件之前钻孔。

❸ 在临时安装新的零部件之后，确保相关零部件得到正确的安装。

❹ 从后轮罩处在如图 4.3-156 所示 A 区域的位置进行塞焊。

❺ 在如图 4.3-156 所示 B 区域的位置进行塞焊，然后安装地板侧板。

❻ 在如图 4.3-157 所示 C 区域的位置进行塞焊，然后安装地板侧板。

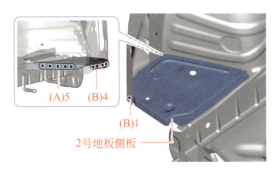
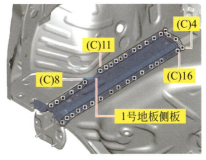

图 4.3-156　塞焊区域 A

1，4，5—维修方式重复次数

图 4.3-157　塞焊区域 B、C

4，8，11，16—维修方式重复次数

10. 后地板的拆装

（1）拆卸步骤

❶ 在如图 4.3-158 所示 A 区域的位置进行粗切割。

维修提示

　　在粗切割如图 4.3-158 所示的部件 A 时，小心不要损坏横梁、横梁角板和横梁下（后）组件，否则可能会使车辆强度减弱。

❷ 在如图 4.3-159 所示 B 区域的位置钻点焊孔。

❸ 拆下后地板。

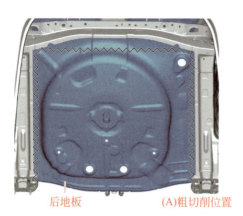

后地板　　　(A)粗切削位置

图 4.3-158　切割区域 A

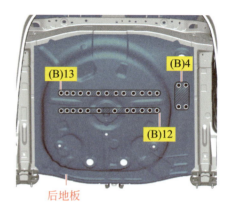

后地板

图 4.3-159　焊孔区域 B

4，12，13—维修方式重复次数

维修提示

在如图 4.3-159 所示 B 区域钻点焊孔时，考虑到安装时的可操作性，不得钻穿。

（2）安装事项

❶ 在安装新的零部件时，根据需要测量和调整车身，以确保符合标准尺寸。

❷ 在安装新的零部件之前钻孔。

❸ 在临时安装新的零部件之后，确保相关零部件得到正确的安装。

❹ 在如图 4.3-160 所示 B 区域的位置进行切割和接合。

❺ 在如图 4.3-161 所示 C 区域进行塞焊，然后安装后地板。

11. 后纵梁的拆装

（1）后纵梁的拆卸

❶ 拆下地板侧板。

❷ 在如图 4.3-162 所示 A 区域的位置进行粗切割。

❸ 在如图 4.3-163 所示 B 区域的位置钻点焊孔。

❹ 拆下后地板的部件（图 4.3-162 中的阴影区）。

❺ 在如图 4.3-164 所示 C 区域的位置钻点焊孔。

第四章　扎根钣喷车间——成就"汽车钣金喷漆工匠"

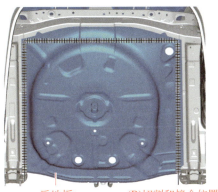

图 4.3-160　切割和接合区域 B

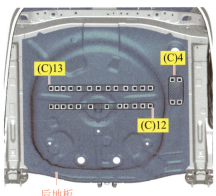

图 4.3-161　塞焊区域 C
4，12，13—维修方式重复次数

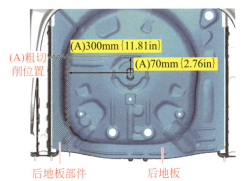

图 4.3-162　切割区域 A

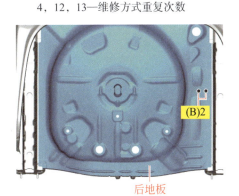

图 4.3-163　焊孔区域 B
2—维修方式重复次数

维修提示

例如在某车在如图 4.3-164 所示 C 区域的位置钻点焊孔时，考虑到安装时的可操作性，不得钻穿。

❻ 拆下横梁角板。

❼ 在如图 4.3-164 所示 D 区域的位置钻点焊孔。

❽ 从后轮罩处在如图 4.3-165 所示 E 区域的位置钻点焊孔。

❾ 拆下后纵梁。

（2）后纵梁的安装

❶ 在安装新的零部件时，根据需要测量和调整车身，以确保符合标准尺寸。

149

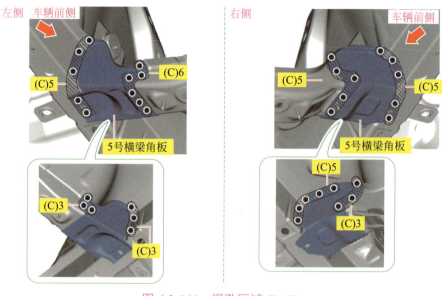

图 4.3-164　焊孔区域 C、D
3，5，6—维修方式重复次数

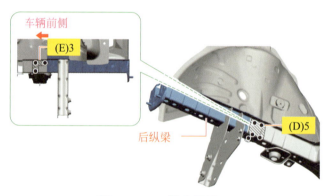

图 4.3-165　焊孔区域 E
3，5—维修方式重复次数

❷ 在安装新的零部件之前钻孔。
❸ 在临时安装新的零部件之后，确保相关零部件得到正确的安装。
❹ 从后轮罩处在如图 4.3-165 所示 E 区域的位置进行塞焊。
❺ 在如图 4.3-165 所示 D 区域的位置进行塞焊，然后安装后纵梁。
❻ 在如图 4.3-165 所示 C 区域的位置进行塞焊，然后安装横梁。
❼ 在如图 4.3-162 所示 A 区域的位置进行切割和接合。
❽ 在如图 4.3-162 所示 B 区域的 2 个位置进行塞焊，然后安装后地板

部件。

❾ 安装地板侧板。

12. 车顶板的拆装

（1）拆卸事项

维修提示

为了预防受伤，先拆下如图 4.3-166 所示的帘式安全气囊，然后再进行作业。

图 4.3-166　帘式安全气囊

❶ 在如图 4.3-167 所示的位置处钻点焊孔。

❷ 拆下车顶板。

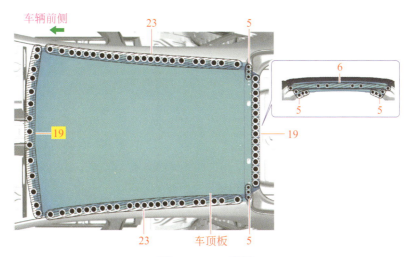

图 4.3-167　焊孔

5，6，19，23—维修方式重复次数

（2）安装事项

❶ 在安装新的零部件时，根据需要测量和调整车身，以确保符合标准尺寸。

❷ 在安装新的零部件之前钻孔。

❸ 在临时安装新的零部件之后，确保相关零部件得到正确的安装。

❹ 在如图 4.3-168 所示的位置涂抹车身密封剂。

❺ 在如图 4.3-169 所示 A 区域的位置进行塞焊。

❻ 在如图 4.3-169 所示 B 区域的位置进行点焊，然后安装车顶板。

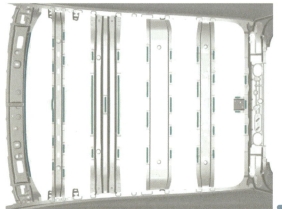

图 4.3-168　涂抹车身密封剂

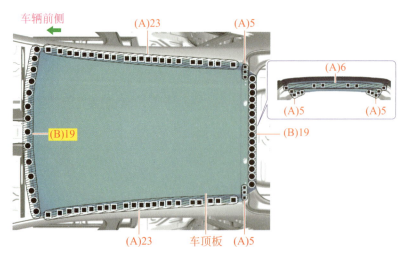

图 4.3-169　点焊区域 A、B

5，6，19，23—维修方式重复次数

13. 侧围加强板的拆装

（1）拆卸事项

❶ 在如图 4.3-170 所示 A 区域的位置进行粗切割。

❷ 在如图 4.3-170 所示 B 区域的位置钻点焊孔。

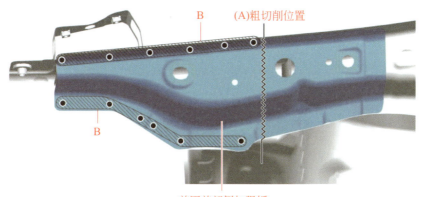

图 4.3-170　切割区域 A 和焊孔区域 B

❸ 拆下前围前部侧加强板。

❹ 在如图 4.3-171 所示 C 区域的位置进行粗切割。

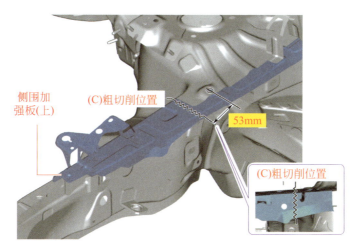

图 4.3-171　切割区域 C

❺ 在如图 4.3-172 所示 D 区域的位置钻点焊孔。

❻ 拆下侧围加强板。

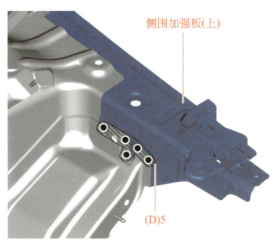

图 4.3-172　焊孔区域 D 和侧围加强板
5—维修方式重复次数

（2）安装事项

❶ 在安装新的零部件时，根据需要测量和调整车身，以确保符合标准尺寸。

❷ 在安装新部件前钻孔，以便在区域 D 的位置进行塞焊。

❸ 在临时安装新的零部件之后，确保相关零部件得到正确的安装。

❹ 在如图 4.3-171 所示 C 区域的位置进行切割和接合，然后安装侧围加强板。

❺ 将部件切割和接合至如图 4.3-171 所示 C 区域。

❻ 在如图 4.3-170 所示 B 区域的位置进行点焊，然后安装前围前部侧加强板。

❼ 在如图 4.3-172 所示 D 区域的位置进行塞焊。

14. 中柱和侧门槛的拆更换

（1）拆卸步骤

❶ 侧门槛梁（前侧）

a. 在如图 4.3-173 所示 A 区域的位置进行粗切割。

b. 在如图 4.3-173 所示 B 区域的位置钻点焊孔。

c. 拆下车内纵梁（侧门槛梁）。

❷ 中柱和侧门槛部件

a. 在如图 4.3-174 所示 A 区域进行粗切割。

b. 在如图 4.3-174 所示 B 区域的 1 个位置钻点焊孔。

c. 将凿子插入如图 4.3-174 所示箭头位置，剥下焊缝，然后移动仪表板上板端部。

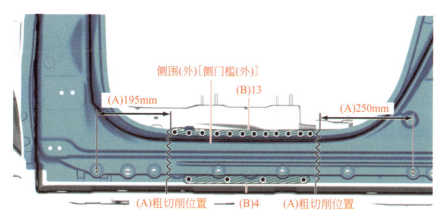

图 4.3-173　切割区域 A 和焊孔区域 B

4，13—维修方式重复次数

d. 在如图 4.3-174 所示 C 区域的 2 个位置钻点焊孔。

e. 在如图 4.3-175 所示 D 区域进行粗切割。

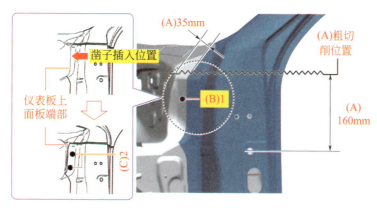

图 4.3-174　焊孔区域 A、B

f. 将凿子插入如图 4.3-175 所示箭头位置，剥下焊缝，然后移动外纵梁（外前柱）的切断部分。

g. 在如图 4.3-176 所示 E 区域的位置进行粗切割。

h. 在如图 4.3-177 所示 F 区域的位置钻点焊孔。

i. 拆下侧围（外）［前柱（外）、中柱（外）和侧门槛（外）］。

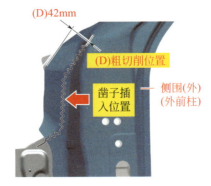

图 4.3-175 移动外纵梁（外前柱）的切断部分

图 4.3-176 切割区域 E

维修提示

如果使用火焰进行切割，则因插入了隔热板，可能引起火灾。所以在对隔热板插入区域附近进行切割作业时，应避免使用火焰，而使用气锯或钻机。

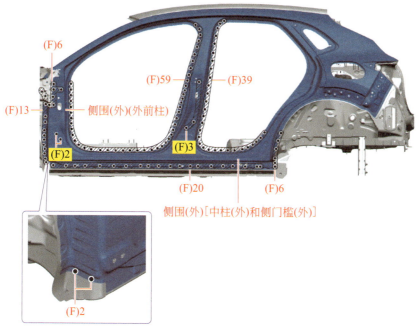

图 4.3-177　焊孔区域 F

2，3，6，13，20，39—维修方式重复次数

j. 在如图 4.3-178 所示 G 区域的位置钻点焊孔。

维修提示

在图 4.3-178 所示 G 区域和图 4.3-179 所示 I 区域的点位钻点焊孔时，考虑到安装时的可操作性，不得钻穿。

k. 在如图 4.3-178 所示 H 区域的位置钻点焊孔。

l. 拆下铰链加强件和铰链柱加强件（下）。

m. 在如图 4.3-179 所示 I 区域的位置钻点焊孔。

n. 从车内在如图 4.3-179 所示 J 区域的位置钻点焊孔。

o. 在如图 4.3-179 所示 K 区域的位置钻点焊孔。

p. 同时拆下中柱加强件和侧门槛加强件（前）。

q. 在如图 4.3-179 所示 L 区域的位置钻点焊孔。

r. 拆下侧门槛梁加强件（后）。

s. 从车内在如图 4.3-180 所示 M 区域的位置钻点焊孔。

t. 拆卸中柱（内）。

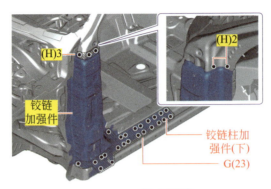

图 4.3-178　焊孔区域 H
2，3，23—维修方式重复次数

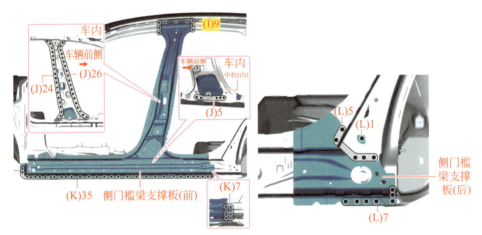

图 4.3-179　焊孔区域 I、J、K、L
1，5，7，9，24，26，35—维修方式重复次数

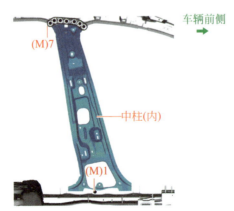

图 4.3-180　焊孔区域 M
1，7—维修方式重复次数

（2）中柱和侧门槛的安装

❶ 侧门槛梁（前侧）

a. 在安装新的零部件时，根据需要测量和调整车身，以确保符合标准尺寸。

b. 在安装新的零部件之前钻孔。

c. 在临时安装新的零部件之后，确保相关零部件得到正确的安装。

d. 将部件切割和接合至如图 4.3-180 所示 A 区域。

e. 在如图 4.3-181 所示 B 区域的位置进行塞焊，然后安装侧围（外）[侧门槛（外）]。

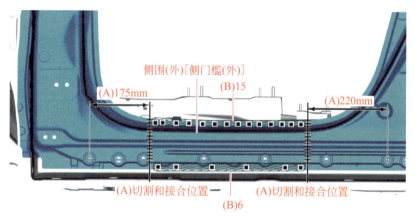

图 4.3-181　安装侧门槛梁（前侧）

6，15—维修方式重复次数

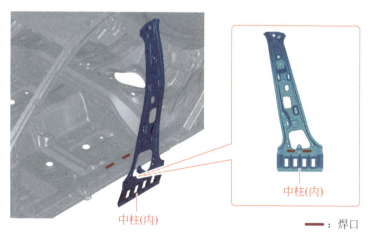

图 4.3-182　焊缝

❷ 中柱和侧门槛部件

a. 在安装新的零部件时，根据需要测量和调整车身，以确保符合标准尺寸。

b. 在安装新的零部件之前钻孔。

c. 在临时安装新的零部件之后，确保相关零部件得到正确的安装。

d. 在如图 4.3-182 所示的位置做焊缝。

e. 从车内在如图 4.3-183 所示 A 区域的位置进行塞焊，然后安装中柱（内）。

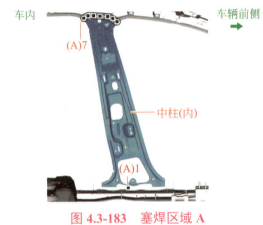

图 4.3-183　塞焊区域 A

1，7—维修方式重复次数

f. 在如图 4.3-184 所示 B 区域的位置进行塞焊，然后安装侧门槛梁加强件（后）。

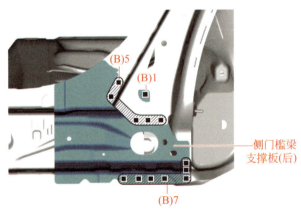

图 4.3-184　塞焊区域 B

1，5，7—维修方式重复次数

g. 在如图 4.3-185 所示 C 区域的位置进行塞焊。

h. 在如图 4.3-185 所示 D 区域的位置进行塞焊。

i. 在如图 4.3-185 所示 E 区域的位置进行塞焊，然后安装中柱加强板和侧门槛梁加强件（前）。

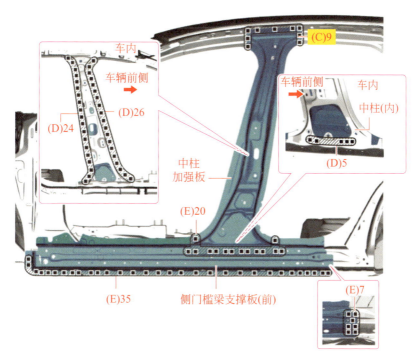

图 4.3-185　塞焊区域 C、D、E

5，7，9，20，24，26，35—维修方式重复次数

j. 在如图 4.3-186 所示的位置做焊缝。

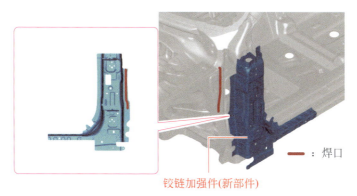

图 4.3-186　焊缝

k. 在如图 4.3-187 所示 F 区域的位置进行塞焊，然后安装铰链加强件。

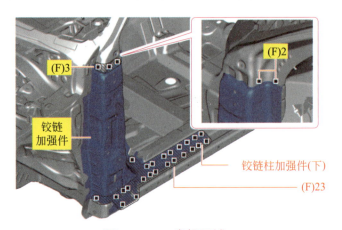

图 4.3-187　塞焊区域 F
2，3，23—维修方式重复次数

l. 在如图 4.3-188 所示的位置做焊缝。

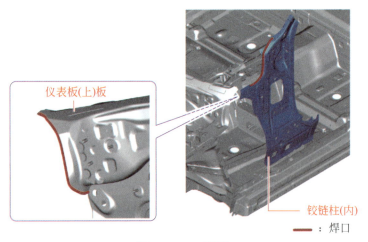

图 4.3-188　焊缝

m. 在如图 4.3-189 所示 G 区域的位置进行切割和接合。

n. 对齐外纵梁（外前柱）如图 4.3-190 所示 H 区域和旧部件切割位置并进行粗切割。

o. 在如图 4.3-190 所示 I 区域的位置进行塞焊。

p. 沿如图 4.3-191 所示的箭头方向维修仪表板上板端部。

q. 如图 4.3-191 所示 J 区域的连续电弧焊。

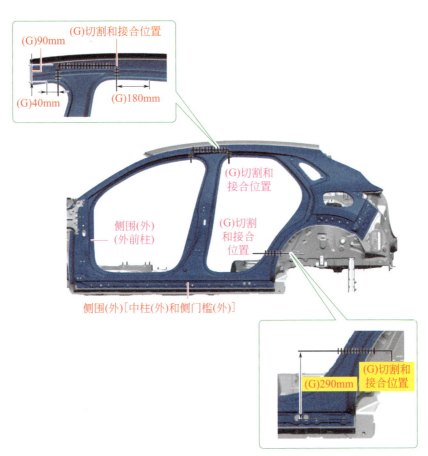

图 4.3-189　切割和接合区域 G

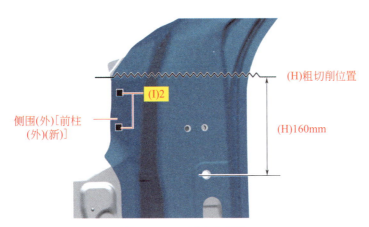

图 4.3-190　塞焊区域 I
2—维修方式重复次数

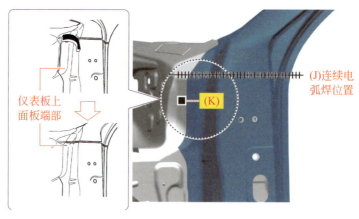

图 4.3-191　连续电弧焊区域 J 和塞焊区域 K

r. 在如图 4.3-191 所示 K 区域的位置进行塞焊。

s. 在如图 4.3-192 所示 L 区域的位置进行塞焊，然后安装侧围（外）、前柱（外）、中柱（外）和侧门槛（外）。

图 4.3-192　塞焊区域 L
2，3，6，13，20，39，59—维修方式重复次数

维修提示

同时对外纵梁（外前柱）及仪表板上板端部进行 J 区域的连续电弧焊。

四、钣金件密封

1. 车门粘胶

车门涂胶要求如下。

❶ 如图 4.3-193 所示中无标示部位，不允许有残胶。

❷ 密封焊缝要求连续且均匀。

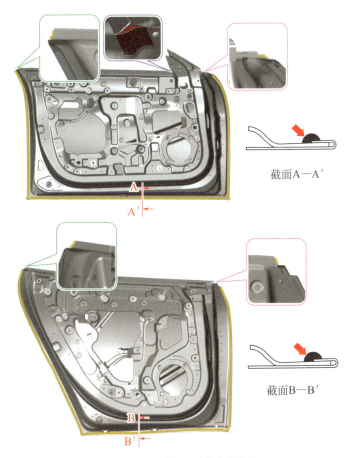

图 4.3-193　前、后车门粘胶

2. 前舱盖、后备厢盖粘胶

涂胶要求如下。

❶ 如图 4.3-194 中无标示部位，不允许有残胶。

❷ 密封焊缝要求连续且均匀。

❸ 各截面中箭头所指部位为涂胶部位。

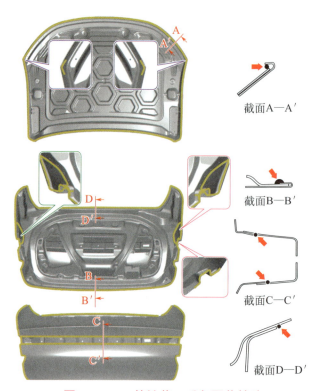

图 4.3-194　前舱盖、后备厢盖粘胶

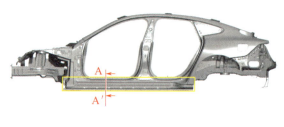

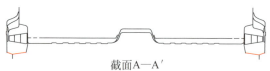

图 4.3-195　门槛梁空腔注蜡区域

3. 喷蜡

（1）空腔喷蜡

如图 4.3-195 所示为门槛梁空腔注蜡区域。

门槛梁区域采用空腔注蜡工艺，为了保持这些部位良好的防腐性能，更换新零件后必须做防腐处理。

（2）门空腔注蜡区域

如图 4.3-196 所示，前后车门底边往上 50mm 以上为注蜡覆盖区域。

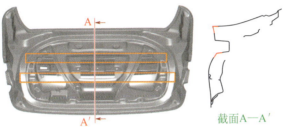

图 4.3-196　前、后车门空腔注蜡区域

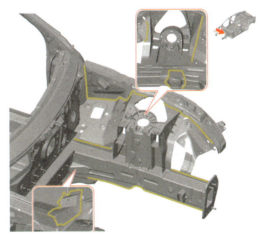

图 4.3-197　车身前部区域涂胶

4. 车身密封区域

（1）车身前部区域涂胶

❶ 如图 4.3-197 区域的涂胶要求：

a. 图中无标示部位，不允许有残胶；

b. 密封焊缝要求连续且均匀，打胶后需修整刷平，对称部位按照同样方法操作。

❷ 如图 4.3-198 所示区域涂胶要求：

a. 图中无标示部位，不允许有残胶；

b. 密封焊缝要求连续且均匀，打胶后需修整刷平；

c. 图中局部 A 仅针对左侧，右侧相同部位按照同样方法操作。

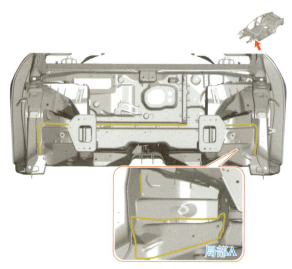

图 4.3-198　车身前部区域涂胶（一）

❸ 如图 4.3-199 所示区域涂胶要求：

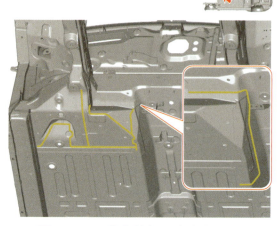

图 4.3-199　车身前部区域涂胶（二）

a. 图中无标示部位，不允许有残胶；

b. 密封焊缝要求连续且均匀，打胶后需修整刷平，对称部位按照同样方法操作。

❹ 如图 4.3-200 所示区域涂胶要求：

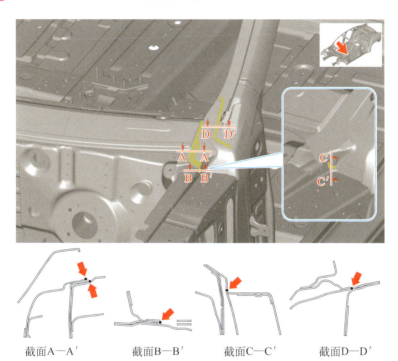

图 4.3-200　车身前部区域涂胶（三）

a. 图中无标示部位，不允许有残胶；

b. 密封焊缝要求连续且均匀，打胶后需修整刷平，对称部位按照同样方法操作；

c. 各截面中箭头所指部位为涂胶部位。

（2）车身中部区域涂胶

❶ 如图 4.3-201 所示区域涂胶要求：

a. 图中无标示部位，不允许有残胶；

b. 密封焊缝要求连续且均匀，打胶后需修整刷平；

c. 图中局部 A 仅针对左侧，右侧相同部位按照同样方法操作。

❷ 如图 4.3-202 所示区域涂胶要求：

a. 图中无标示部位，不允许有残胶；

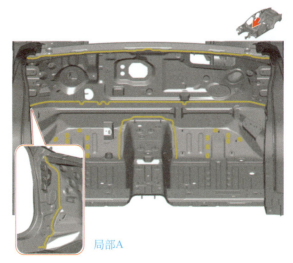

图 4.3-201　车身中部区域涂胶（一）

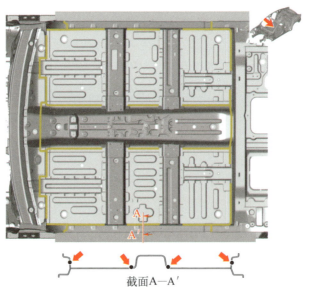

截面A—A′

图 4.3-202　车身中部区域涂胶（二）

b. 密封焊缝要求连续且均匀，打胶后需修整刷平；
c. 各截面中箭头所指部位为涂胶部位。

❸ 如图 4.3-203 所示区域涂胶要求：
a. 图中无标示部位，不允许有残胶；
b. 密封焊缝要求连续且均匀，打胶后需修整刷平，对称部位按照同样方法操作；

　　c. 各截面中箭头所指部位为涂胶部位。

❹ 如图 4.3-204 所示区域涂胶要求：

a. 图中无标示部位，不允许有残胶；

b. 密封焊缝要求连续且均匀，打胶后需修整刷平。

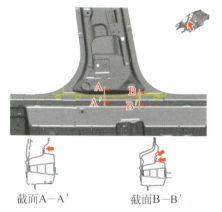

图 4.3-203　车身中部区域涂胶（三）

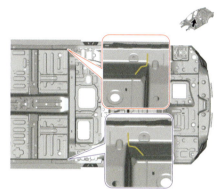

图 4.3-204　车身中部区域涂胶（四）

❺ 如图 4.3-205 所示区域涂胶要求：

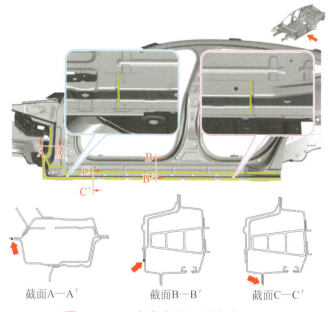

图 4.3-205　车身中部区域涂胶（五）

a. 图中无标示部位，不允许有残胶；

b. 密封焊缝要求连续且均匀，打胶后需修整刷平，对称部位按照同样方法操作；

c. 各截面中箭头所指部位为涂胶部位；

d. 图中漏液筋下端禁止涂胶。

⑥ 如图 4.3-206 所示区域涂胶要求：

a. 图中无标示部位，不允许有残胶；

b. 密封焊缝要求连续且均匀，打胶后需修整刷平；

c. 各截面中箭头所指部位为涂胶部位。

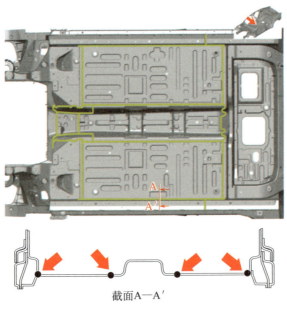

图 4.3-206 车身中部区域涂胶（六）

⑦ 如图 4.3-207 所示区域涂胶要求：

a. 图中无标示部位，不允许有残胶；

b. 密封焊缝要求连续且均匀，打胶后需修整刷平。

⑧ 如图 4.3-208 所示区域涂胶要求：

a. 图中无标示部位，不允许有残胶；

b. 密封焊缝要求连续且均匀，打胶后需修整刷平，对称部位按照同样方法操作；

c. 各截面中箭头所指部位为涂胶部位。

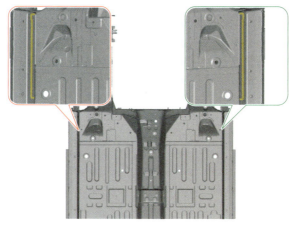

图 4.3-207　车身中部区域涂胶（七）

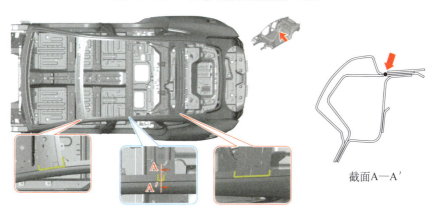

图 4.3-208　车身中部区域涂胶（八）

（3）车身后部区域涂胶

❶ 如图 4.3-209 所示区域涂胶要求：

a. 图中无标示部位，不允许有残胶；

b. 密封焊缝要求连续且均匀，打胶后需修整刷平。

❷ 如图 4.3-210 所示区域涂胶要求：

a. 图中无标示部位，不允许有残胶；

b. 密封焊缝要求连续且均匀，打胶后需修整刷平，对称部位按照同样方法操作；

c. 各截面中箭头所指部位为涂胶部位。

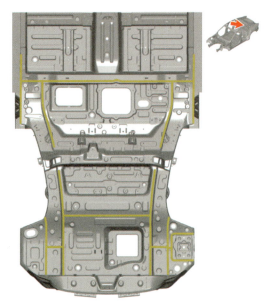

图 4.3-209　车身后部区域涂胶（一）

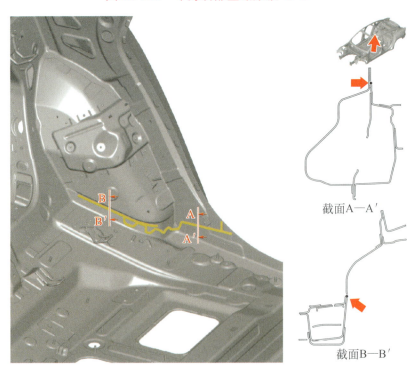

图 4.3-210　车身后部区域涂胶（二）

❸ 如图 4.3-211 所示区域涂胶要求：

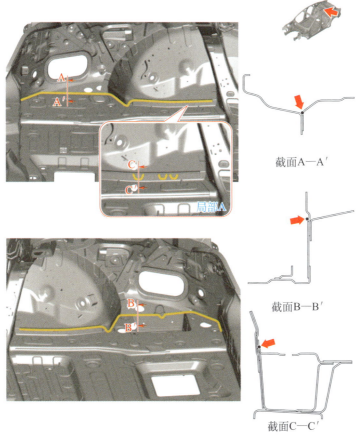

图 4.3-211　车身后部区域涂胶（三）

a. 图中无标示部位，不允许有残胶；
b. 密封焊缝要求连续且均匀，打胶后需修整刷平；
c. 各截面中箭头所指部位为涂胶部位；
d. 图中局部 A 仅针对左侧，右侧相同部位按照同样方法操作。

❹ 如图 4.3-212 所示区域涂胶要求：
a. 图中无标示部位，不允许有残胶；
b. 密封焊缝要求连续且均匀，打胶后需修整刷平。

❺ 如图 4.3-213 所示区域涂胶要求：
a. 图中无标示部位，不允许有残胶；
b. 密封焊缝要求连续且均匀，打胶后需修整刷平，对称部位按照同样方法操作；
c. 各截面中箭头所指部位为涂胶部位。

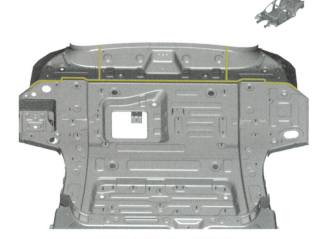

图 4.3-212　车身后部区域涂胶（四）

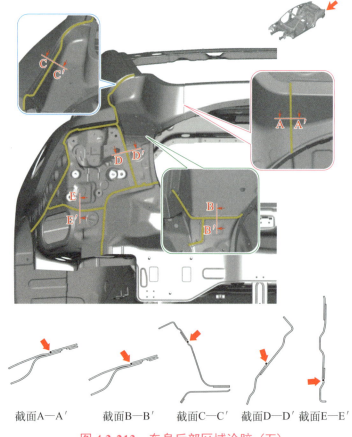

图 4.3-213　车身后部区域涂胶（五）

❻ 如图 4.3-214 所示区域涂胶要求：
a. 图中无标示部位，不允许有残胶；
b. 密封焊缝要求连续且均匀，打胶后需修整刷平；
c. 图中漏液筋下端禁止涂胶。

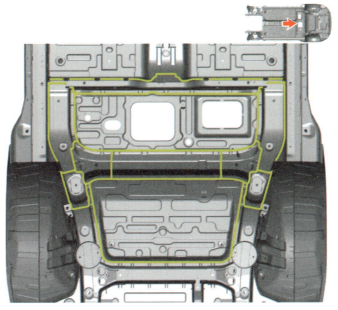

图 4.3-214　车身后部区域涂胶（六）

❼ 如图 4.3-215 所示区域涂胶要求：
a. 图中无标示部位，不允许有残胶；
b. 密封焊缝要求连续且均匀，打胶后需修整刷平；
c. 图中局部 A、B 仅针对左侧，右侧相同部位按照同样方法操作。

❽ 如图 4.3-216 所示区域涂胶要求：
a. 图中无标示部位，不允许有残胶；
b. 密封焊缝要求连续且均匀，打胶后需修整刷平；
c. 图中局部 A 仅针对左侧，右侧相同部位按照同样方法操作。

❾ 如图 4.3-217 所示区域涂胶要求：
a. 图中无标示部位，不允许有残胶；
b. 密封焊缝要求连续且均匀，打胶后需修整刷平；
c. 各截面中箭头所指部位为涂胶部位；
d. 图中视图 A 仅针对左侧，右侧相同部位按照同样方法操作。

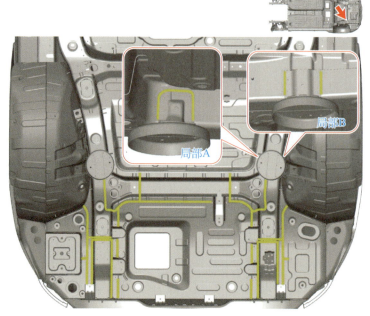

图 4.3-215　车身后部区域涂胶（七）

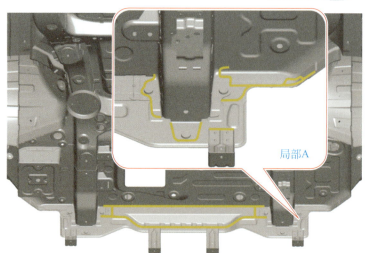

图 4.3-216　车身后部区域涂胶（八）

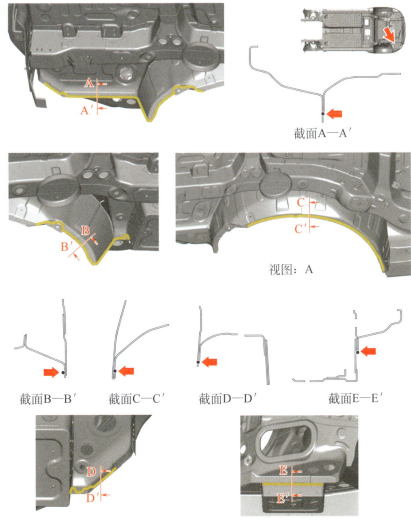

图 4.3-217　车身后部区域涂胶（九）

⑩ 如图 4.3-218 所示区域涂胶要求：

a. 图中无标示部位，不允许有残胶；

b. 密封焊缝要求连续且均匀，打胶后需修整刷平。

⑪ 如图 4.3-219 所示区域涂胶要求：

a. 图中无标示部位，不允许有残胶；

b. 密封焊缝要求连续且均匀，打胶后需修整刷平，对称部位按照同样方法操作；

c. 各截面中箭头所指部位为涂胶部位。

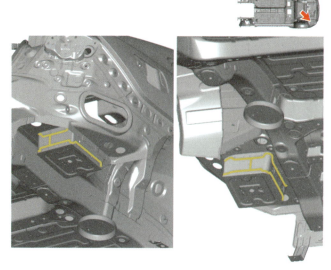

图 4.3-218　车身后部区域涂胶（十）

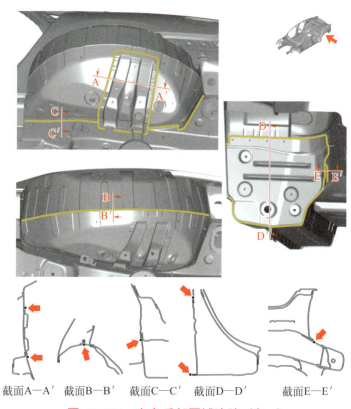

图 4.3-219　车身后部区域涂胶（十一）

5. 抗石击涂层喷涂区域

在维修抗石击 PVC 涂层部位的损坏时，必须使用 PVC 材质的底盘装甲产品重新修复该涂层，保持车身的抗砂石撞击性、防锈能力以及阻隔噪声和振动。抗石击涂层喷涂区域见图 4.3-220 和表 4.3-4。

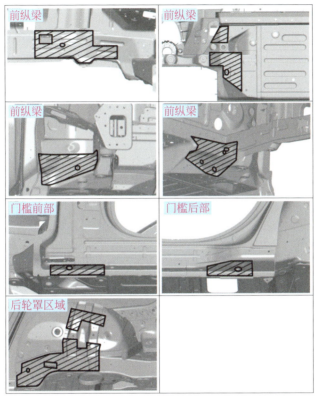

图 4.3-220　抗石击涂层喷涂区域

表 4.3-4　涂层喷涂区域覆盖厚度

喷涂区域	涂覆厚度 /mm
前纵梁	1.0～2.0
门槛前部	1.0～2.0
门槛后部	1.0～2.0
后轮罩区域	1.0～2.0

（1）阻尼垫材料

车内的阻尼板主要分布在车厢内部面积较大、造型比较平整的金属板上，阻尼片是一种用于减少车内振动，提升车厢舒适性的构件。

❶ 利用其黏弹特性对金属板上产生的振动起到阻尼作用，同时对产生噪声的车身固有频率给予影响，以改善整车振动时产生的噪声，从而达到隔音降噪的目的。

❷ 加强车身外钢板刚性。

例如有些车身采用了液态可喷型阻尼隔音材料（LASO 材料），如图 4.3-221 所示，用以替代不是非常环保的沥青阻尼片，保证车内质量空气。LASD 材料通过利用高分子材料的特点，提高部件间的整合性和密封性，从而达到静音目的。

LASD 材料主要使用在以下部位：前围板、地板、后轮罩内板、后置物板。传统沥青阻尼片仍在前后车门、前翼子板、后备厢盖处使用（图 4.3-222）。

图 4.3-221　阻尼隔音材料（LASD 材料）

图 4.3-222　传统沥青阻尼片

（2）阻尼垫维修说明

❶ 前围板、地板、后轮罩内板、后置物板等部位，在市场上可以购买与原厂类似喷涂型密封胶（图 4.3-223）。使用多功能气动胶枪可以喷涂出同样效果。

❷ 更换车门、前翼子板和后备厢盖时，需要另外订购阻尼板。

6.泡沫成型件

（1）发泡胶

车身空腔内均安装有发泡胶（图 4.3-224）。

❶ 使用发泡胶能减弱行驶噪声向车内的传递。

❷ 发泡胶的准确位置在相应维修步骤中进行了说明。

（2）维修说明

❶ 清除车身上残余的发泡胶。

第四章　扎根钣喷车间——成就"汽车钣金喷漆工匠"

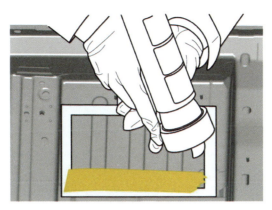

图 4.3-223　喷涂密封胶

❷ 遵循维修步骤中的操作。
❸ 完成维修后对维修区域进行防腐处理。

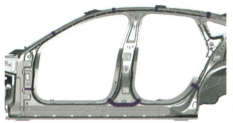

图 4.3-224　车身空腔内均安装有发泡胶

第四节　车窗拆装和维修

一、拆装前挡风玻璃

1. 拆卸事项

 维修提示

　　前挡风玻璃装配结构见图 4.4-1，后风挡玻璃装配见图 4.4-2。前挡风玻璃的拆装方法和后挡风玻璃一样，下述以前挡风玻璃的具体拆装进行介绍。

183

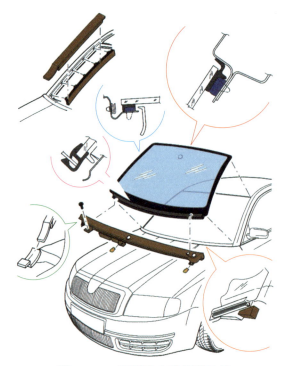

图 4.4-1　前挡风玻璃装配结构

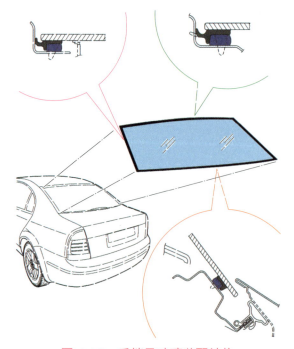

图 4.4-2　后挡风玻璃装配结构

(1)准备工作和拆卸外围件

❶ 关闭所有用电器。

❷ 断开蓄电池负极极夹。

❸ 拆卸左右 A 柱上饰板总成。

❹ 拆卸前阅读灯。

❺ 拆卸左右遮阳板总成。

❻ 拆卸左右遮阳板固定挂钩。

❼ 拆卸左右雨刮臂总成。

❽ 拆卸雨刮盖板总成。

❾ 拆卸内后视镜底座护罩组件。

❿ 拆卸电气部件,如前向摄像头、三目摄像头。

⓫ 拆卸内后视镜总成。

(2)拆卸前挡风玻璃

❶ 用锥子穿过天窗玻璃的玻璃胶。

❷ 选取一个位置将切割线穿过玻璃胶,拉到汽车内部。

❸ 如图 4.4-3 所示,将拉到汽车内部的切割线用拉手固定住,防止被拉出。

❹ 需要两位技师内外配合拉切割线割四周玻璃胶。

维修提示

①切割线穿插时,因胶硬,不可猛插大力,否则可能导致瞬间穿插而出而无法收力,将后挡风玻璃包边条插烂。应该左右摇晃慢慢插入,可收力,可观察。

②切割线拉扯过程中,速度不可过快,速度太快产生的热量高,切割线很容易断开,应两人用力均匀,一下一下地拉扯。

③割玻璃胶时,注意防护漆面。

④割前玻璃胶时,用塑料板翻起前挡风玻璃胶条使其分离,一边遮挡一边割,避免前挡风玻璃胶条损坏,如损坏需更换前挡风玻璃。

⑤切割线拉出过程中,应慢拉,不可快速拉扯,以免造成挡风玻璃包边条外观不良。

⑥在切割时用塑料板将仪表隔开,以免损坏仪表板。

图 4.4-3　切割线、拉手
1—切割线；2，3—拉手

❺ 如图 4.4-4 所示，将玻璃吸盘 1 安装在前挡风玻璃总成 2 上。
❻ 拆下前挡风玻璃总成。

维修提示

取下前挡风玻璃，用美工刀清理钣金残胶，使用吸尘器彻底清洁车顶车内残胶。

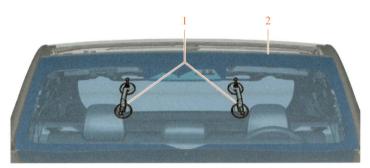

图 4.4-4　前挡风玻璃总成与玻璃吸盘
1—玻璃吸盘；2—前挡风玻璃总成

2. 安装事项

（1）清洁施涂部位
❶ 使用干净抹布清洁前挡风玻璃涂胶区域。
❷ 使用玻璃清洗剂清洁玻璃涂胶区域。
❸ 取棉花棒蘸取玻璃底漆，涂抹底漆至前挡风玻璃粘贴区域。

> **维修提示**
>
> ①底漆使用前需要摇匀,摇晃时间根据实物说明书要求,且底涂宽度不低于 14mm。
> ②玻璃底漆涂抹 10min 后方能施涂玻璃胶。
> ③清除残余玻璃胶。用铲刀对玻璃框残余玻璃胶进行修整,预留残余玻璃胶胶厚 1～2mm 最为合适。粘接表面要保持清洁,没有油脂,残余玻璃胶粘接面不要涂底漆(图 4.4-5)。

(2)涂抹玻璃胶

涂胶要求:如图 4.4-6 所示,宽度 8～10mm,高度 12～14mm。

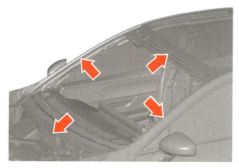

图 4.4-5　清除残余玻璃胶

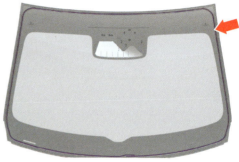

图 4.4-6　施涂部位

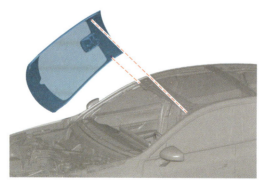

图 4.4-7　安装玻璃

(3)安装前挡风玻璃

❶ 降下四个车门玻璃。

扫一扫

视频精讲

维修提示

玻璃安装前保持车辆所有车门玻璃均处于打开状态。否则，开关车门时车辆内部气压比外部气压高会造成玻璃安装不良等缺陷。

玻璃安装后 2h 内车辆不能移动。

❷ 按轨迹打好四周玻璃胶，多人配合安装玻璃，注意安装间隙（图 4.4-7）。

❸ 前部先落位，定位销进孔后后部再落位（确定前挡风玻璃定位销对准卡入车身孔），落位后边拍边拉出切割线，翻出风挡胶条。

❹ 玻璃安装后，用吸盘将玻璃与车顶的相对位置固定，利用吸盘轻微推动玻璃调整间隙，拍打玻璃包装面。

❺ 轻拍玻璃并将其装在车身的法兰面上，密封胶与车身贴合。

维修提示

①整个过程一定注意不要让玻璃胶污染内饰，清洁玻璃四周，保护漆面。

②前挡风玻璃与天窗玻璃间隙要求 (4.0±1.5) mm。

③把切割线埋在挡风玻璃与天窗之间，直接拍打按压，不可用力拉扯加力，自然放置即可。待挡风玻璃复原后，应一边拉扯切割线一边轻拍，直到切割线全部拉出方可使劲拍打。

待胶干后进行淋雨路试。

❻ 其他附件的安装以倒序进行。

二、拆装侧围后三角玻璃

1. 拆卸事项

维修提示

下述介绍左侧侧围后三角玻璃总成的拆卸和安装，右侧侧围后三角玻璃总成的拆卸和安装与左侧一样。

（1）准备工作和拆卸外围件

❶ 拆卸后排座椅和坐垫总成。

❷ 拆卸左侧后排座椅侧翼总成。

❸ 拆卸左侧 C 柱上饰板总成

（2）拆卸侧围后三角玻璃

❶ 用锥子穿过风窗玻璃的粘接密封材料。

❷ 将切割线穿过粘接密封材料，拉到汽车内部。

❸ 如图 4.4-8 所示，将拉到汽车内部的切割线用拉手固定住，防止被拉出。

❹ 在另一位技师的协助下切割粘接玻璃。

维修提示

注意，圆角的切割线要置于玻璃法兰边下，当心刮伤油漆。必须在另一位技师的协助下进行后续的拆卸。

❺ 如图 4.4-9 所示，将玻璃吸盘固定在侧围后三角玻璃上。

❻ 拆下侧围后三角窗总成。

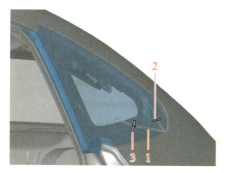

图 4.4-8　切割线、拉手
1—切割线；2，3—拉手

图 4.4-9　玻璃吸盘与侧围后三角玻璃
1—玻璃吸盘；2—侧围后三角窗总成

2. 安装事项

（1）清洁施涂部位

❶ 使用玻璃清洁剂浸湿干净抹布，清洁三角窗玻璃分装总成涂胶区域。

❷ 使用玻璃底涂激活剂，沿玻璃涂胶轨迹均匀涂抹（图 4.4-10）。

（2）安装三角窗玻璃

❶ 如图 4.4-11 所示，将三角窗玻璃定位销钉对准车身侧围定位孔，插入到底。

图 4.4-10　施涂玻璃胶

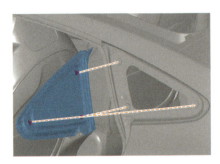

图 4.4-11　安装三角窗玻璃

❷ 其他附件的安装以倒序进行。

三、拆装全景天窗玻璃

1. 拆卸事项

（1）准备工作和拆卸外围件

❶ 关闭所有用电器。

❷ 断开蓄电池负极极夹。

❸ 拆卸左右 A 柱上饰板。

❹ 拆卸左右前内门槛饰板。

❺ 拆卸左右后内门槛饰板。

❻ 拆卸左右 B 柱下饰板。

❼ 拆卸左右 B 柱上饰板。

❽ 拆卸高位制动灯。

❾ 拆卸顶篷高音扬声器。

❿ 拆卸前阅读灯。

⓫ 拆卸后排座椅和坐垫总成。

⓬ 拆卸左右后排座椅侧翼总成。

⓭ 拆卸左右 C 柱上饰板总成。

⓮ 拆卸左右遮阳板总成。

⓯ 拆卸左右遮阳板固定挂钩。

扫一扫

视频精讲

❶❻ 拆卸顶篷装饰板总成（天窗）。

（2）拆卸全景天窗玻璃

❶ 用锥子穿过天窗玻璃的玻璃胶。

❷ 选取一个位置将切割线穿过玻璃胶（建议在后挡风玻璃左上角，间隙位置较大，方便穿插切割线），拉到汽车内部。

❸ 如图 4.4-12 所示，将拉到汽车内部的切割线用拉手固定住，防止被拉出。

❹ 3 人内外配合拉切割线割四周玻璃胶。

❺ 如图 4.4-13 所示，将玻璃吸盘安装在全景天窗玻璃总成上。

❻ 拆下全景天窗玻璃。

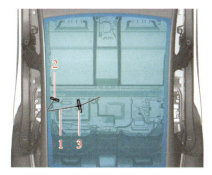
图 4.4-12　切割线、拉手
1—切割线；2，3—拉手

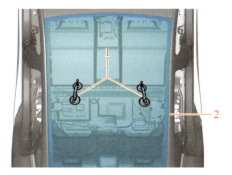
图 4.4-13　玻璃吸盘与全景天窗玻璃总成
1—玻璃吸盘；2—侧围后三角窗总成

2. 安装事项

（1）清洁施涂部位

❶ 使用干净抹布清洁天窗玻璃涂胶区域。

❷ 使用玻璃清洗剂清洁玻璃涂胶区域。

❸ 取棉花棒蘸取玻璃底漆，涂抹底漆至天窗玻璃粘贴区域（图 4.4-14）。

维修提示

玻璃底漆涂抹 10min 后方能施涂玻璃胶。

（2）清除残余玻璃胶

如图 4.4-15 所示，用铲刀对玻璃框残余玻璃胶进行修整，预留残余玻璃胶胶厚 1～2mm 最为合适。粘接表面要保持清洁，没有油脂，残余玻璃胶粘接面不要涂底漆。

 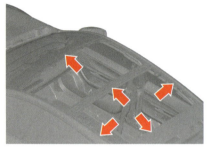 

图 4.4-14　清洁施涂部位　　　　图 4.4-15　清除残余玻璃胶

（3）安装全景天窗玻璃

❶ 降下 4 个车门玻璃。

❷ 如图 4.4-16 所示，按轨迹打好四周玻璃胶及中部玻璃胶，需要技师协同配合安装玻璃，注意安装间隙。

❸ 前部先落位，定位销进孔后后部再落位（确定天窗玻璃定位销对准卡入车身孔），落位后边拍边拉出切割线，翻出挡风胶条。

❹ 玻璃安装后，用吸盘将玻璃与车顶的相对位置固定，利用吸盘轻微推动玻璃，调整间隙，拍打玻璃包装面。

❺ 轻拍玻璃并将其装在车身的法兰面上，密封胶与车身贴合。

维修提示

①整个过程一定注意不要让玻璃胶污染内饰，清洁玻璃四周，保护漆面。

②装配完成后需调整天窗玻璃与侧围钣金间隙，要求为（4.0±1.5）mm，不超出车身钣金面 0.5mm。

③前后挡风玻璃与天窗玻璃间隙要求。标准前挡风玻璃与天窗间隙为（4.0±1.5）mm，后挡风玻璃与天窗间隙为（5.0±1.5）mm。

④把切割线埋在前后挡风玻璃与天窗之间，直接拍打按压，不可用力拉扯加力，自然放置即可。待天窗玻璃复原后，应一边拉扯切割线一边轻拍，直到切割线全部拉出方可使劲拍打。

⑤胶干以后需要做淋雨试验，保证其密封性。

❻ 其他附件的安装以倒序进行。

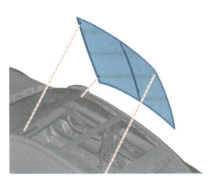

图 4.4-16　安装全景天窗玻璃

四、拆装车窗玻璃和运动导槽

1. 车窗玻璃拆装

❶ 拆卸内饰及附件。

a. 拆卸内饰件。

b. 拆卸电动车窗主开关。

c. 拆卸前车门装饰件。

d. 拆卸前车内手柄。

❷ 拆卸密封条。向上推动前车门密封条，如图 4.4-17 所示沿箭头方向将其拆下。

❸ 拆下挡板螺栓（图 4.4-18）。

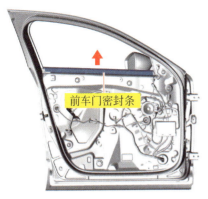

图 4.4-17　前车门密封条
插图所示为左侧（右侧相同）

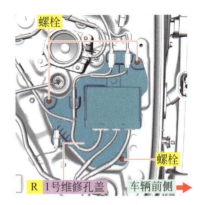

图 4.4-18　螺栓
插图所示为左侧（右侧相同）

❹将拆卸工具插入如图4.4-19中所示的位置，将其沿箭头方向移动，然后将锁片与前车门板分离。

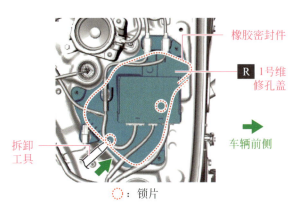
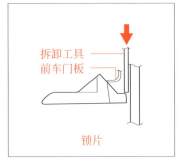

图4.4-19 分离锁片与前车门板

❺拆下1号维修孔盖（图4.4-19）。

❻将拆卸工具插入如图4.4-20中所示的位置，将其沿箭头方向移动，然后将锁片与前车门板分离。

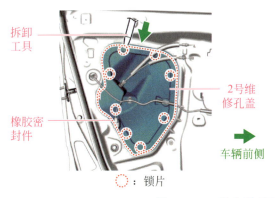

图4.4-20 分离锁片与前车门板

❼断开电气线束连接器。拆下线束卡箍A和B（图4.4-21）。

❽沿如图4.4-22所示箭头的方向移动2号维修孔盖并在拉出内把手拉线时将其拆下。

❾拆下如图4.4-23所示的垫圈。

❿沿如图4.4-24所示，拆卸玻璃升降器螺栓。

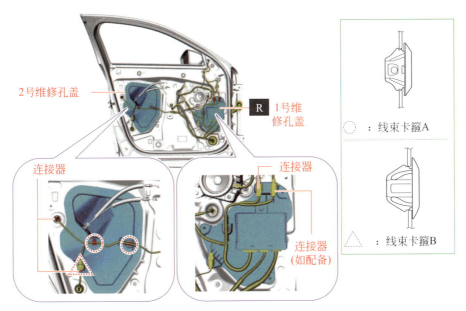

图 4.4-21 断开连接器

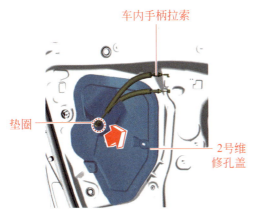

图 4.4-22 拆卸 2 号维修孔盖

插图所示为左侧（右侧相同）

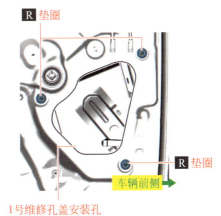

图 4.4-23 拆卸垫圈

插图所示为左侧（右侧相同）

维修提示

如果在不支撑前门窗玻璃的情况下拆下螺栓，则前门窗玻璃有可能坠落，并受到损坏。将手伸入维修孔盖安装孔，以支撑前门窗玻璃，同时拆下螺栓。

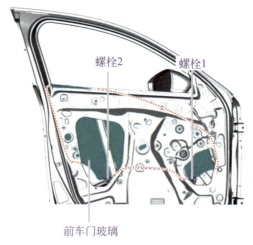

图 4.4-24　拆卸螺栓

⓫ 沿着图 4.4-25 中箭头 1 所示的方向提起前车门窗玻璃，用另一只手握住前车门窗玻璃的上部，将托住前车门窗玻璃的手从维修孔盖安装孔移至前车门窗玻璃上部，然后再沿着箭头 2 的方向倾斜，同时朝着箭头 3 的方向拉动前车门窗玻璃上部，并将其从前车门上拆下。

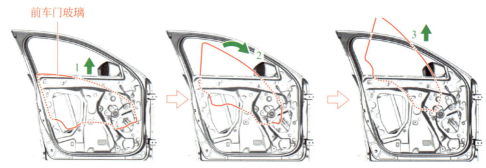

图 4.4-25　拆卸前车门窗玻璃上部
插图所示为左侧（右侧相同）

⓬ 按照与拆卸相反的顺序进行安装。

2. 车窗玻璃运动导槽的拆装

❶ 拆下附件和内饰。

❷ 拆下车窗玻璃。

❸ 拆下紧固件（图 4.4-26）。

❹ 部分剥离前车门玻璃运动导槽（图 4.4-27）。

❺ 沿图 4.4-28 所示，按 1～3 箭头的顺序移动前车门玻璃运动导槽，然后将其从前车门卡钩上拆下。

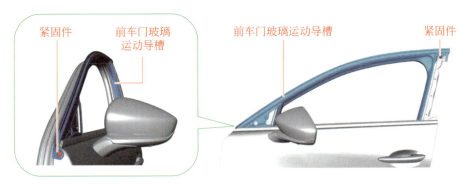

图 4.4-26　拆下紧固件
插图所示为左侧（右侧相同）

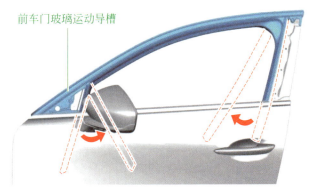

图 4.4-27　部分剥离前车门玻璃运动导槽

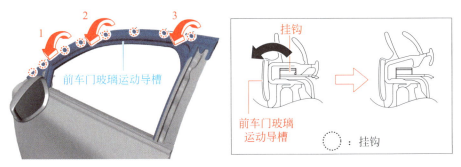

图 4.4-28　拆卸前车门玻璃运动导槽
插图所示为左侧（右侧相同）

❻ 拆下前车门玻璃运动导槽。
❼ 按照与拆卸相反的顺序进行安装。

第五节 喷漆常见故障处理

一、底材剥落

底材在原子灰上发生的剥落故障处理见表 4.5-1。

表 4.5-1 底材在原子灰上发生的剥落故障处理

故障原因	规范操作或预防措施	故障处理	故障图示
①底材没有经过小心准备 ②使用了不合适的聚酯填充料（原子灰） ③不正确使用红外线烤漆器	①底材必须经过彻底清洁和打磨 ②使用适合底材的原子灰和底漆 ③进行红外线烤漆器烘干时须按制造商的指示	将有缺陷的油漆部分彻底打磨妥当，然后利用合适的材料修补	

二、漆膜表面浑浊无光

漆膜表面浑浊无光故障处理见表 4.5-2。

表 4.5-2 漆膜表面浑浊无光故障处理

故障原因	规范操作或预防措施	故障处理	故障图示
①不正确的喷漆黏度、喷涂方法、静止时间或喷房温度 ②不正确的喷枪喷嘴（口径）、喷涂压力 ③不合适的稀释剂	①利用黏度杯和调漆尺准确地调整喷涂黏度 ②喷涂时保持喷枪与喷涂表面平行 ③选用合适的喷枪与喷嘴（口径） ④选用制造商推荐的稀释剂 ⑤依照制造商提供的技术资料所建议的施工方法	①在清漆干燥后加以打磨和重新喷涂 ②涂上厚膜或清漆前，先涂上薄覆盖层	

三、颜色偏差

颜色偏差故障处理见表 4.5-3。

表 4.5-3　颜色偏差故障处理

故障原因	规范操作或预防措施	故障处理	故障图示
①喷涂方法不正确，太湿、太干、遮光度不足 ②不正确的喷枪喷嘴（口径）和喷涂压力 ③原有漆面风化 ④配色不准确，与原色颜色不一致	①喷涂前一定要在样板上试验，确保配色准确 ②利用技术资料所建议的喷涂方法和接口喷涂方法 ③如果在配色上有困难，可采用柔和喷涂法	①打磨表面，将面漆颜色调校到较接近的色调，然后利用"柔和"法或"接驳口喷涂"法重新喷涂 ②将附近表面抛光清洁，以检查颜色	

四、涂层表面有微粒凸出

涂层表面有微粒凸出故障处理见表 4.5-4。

表 4.5-4　涂层表面有微粒凸出故障处理

故障原因	规范操作或预防措施	故障处理	故障图示
①车身表面在涂漆前没有经过适当的清洁 ②空气过滤网已到期需更换 ③喷漆房气压过低 ④喷漆工穿着不正确、不清洁的衣服	①喷涂前须确定已使用清洁剂清洁车身及确定已经用粘尘布清洁车身表面 ②定期检查过滤网 ③确保喷漆房环境清洁	①轻轻打磨和抛光受影响的部分 ②打磨整个喷涂部分，然后用除硅清洁剂加以清洁，再重喷	

五、表面固化太快而不能流平

表面固化太快而不能流平故障处理见表 4.5-5。

表 4.5-5　表面固化太快而不能流平故障处理

故障原因	规范操作或预防措施	故障处理	故障图示
①不正确的喷涂压力或黏度、喷涂方法或施工温度 ②使用的硬化剂和稀释剂不适合喷漆房的环境 ③底材打磨不足 ④油漆没有搅匀	①严格按照油漆技术资料所建议的混合和施工方法 ②正确地准备和打磨底材 ③避免在极高或极低温度和湿度下喷涂，同时应注意喷涂重叠、气压及远近距离	将表面打磨光滑，然后利用适合当时环境的硬化剂、稀释剂调节妥当，再重新喷涂。使用 P1500 P2000 号水磨砂纸磨平后，进行抛光	

六、表漆针刺状针孔

表漆针刺状小孔故障处理见表 4.5-6。

表 4.5-6　表漆针刺状小孔故障处理

故障原因	规范操作或预防措施	故障处理	故障图示
①聚酯填充料（原子灰）混合不足 ②经打磨的表面仍留有溶剂泡 ③聚酯填充料（原子灰）打底不足	①彻底混合聚酯填充料（原子灰） ②不可打磨溶剂泡，或将问题漆膜完全清除 ③填充足够的聚酯填充料（原子灰）	①清除有缺陷的面漆 ②打磨后涂上聚酯填充料（原子灰） ③喷涂上底漆后重新喷涂面漆	

七、漆面起泡

漆面小泡和泡痕故障处理见表 4.5-7。

表 4.5-7　漆面呈现小泡和泡痕故障处理

故障原因	规范操作或预防措施	故障处理	故障图示
溶剂空气藏在漆膜内，其后逸出，留下泡痕，常见有以下原因： ①漆膜喷涂过厚，使用干太快的硬化剂或稀释剂 ②喷枪喷嘴（口径）或喷涂黏度或喷涂气压不正确 ③加温干燥前静止时间不足或烤漆房气流不足	①使用正确的喷涂黏度、喷涂气压、喷嘴口径 ②使用适当的硬化剂和稀释剂 ③给予足够的静止时间。定时检查烤房内的气压和湿度	烘干后打磨，在受影响的范围重新喷涂中间漆，打磨后再喷面漆	

八、漆面腻子痕迹

漆面有腻子痕迹故障处理见表 4.5-8。

表 4.5-8　漆面有腻子痕迹故障处理

故障原因	规范操作或预防措施	故障处理	故障图示
①底材没有完全硬化，以致吸收了面漆 ②砂纸太粗，面漆使用了不合适的稀释剂 ③以原子灰或填眼灰修补的部分在喷涂面漆前没有经过正确的打底或封闭	①打磨经修补的部分，直至金属层外露 ②在外露的油漆层边缘利用稀释剂进行溶剂试验，如油漆软化，则此漆层必须封隔。原子灰及填眼灰只可用于外露的金属上，不可覆盖在原有漆面上。选用合适的砂纸 ③确定所有预备材料都已完全干燥	修补材料干透后，磨平损坏的部分，再以打底材料加以隔离，然后重新喷涂	

九、失色褪色

失色褪色故障处理见表 4.5-9。

表 4.5-9　失色褪色故障处理

故障原因	规范操作或预防措施	故障处理	故障图示
①面漆下涂层多孔，它便会吸收涂料，从而造成褪色 ②涂膜还没有干透时就使用抛光剂 ③涂膜的稳定性差 ④使用过量稀释剂或不合适的稀释剂	①避免长时间于烈日下暴晒 ②选用配套的稀释剂，避免过期稀释剂，或改用双组分油漆	①褪色，必须打磨后重新喷涂漆面 ②失色，可尝试使用抛光打蜡的方法重拾光泽	

十、漆面滴流

漆面滴流故障处理见表 4.5-10。

表 4.5-10　漆面滴流故障处理

故障原因	规范操作或预防措施	故障处理	故障图示
①不正确的喷涂黏度、喷涂方法、道层间的静止时间、漆膜厚度 ②喷嘴口径不正确或喷涂气压不正确 ③油漆、底材或喷漆房的温度过低，选用不正确的硬化剂和稀释剂	确定喷枪操作良好。将喷涂工件和油漆升温到 20℃。注意喷涂重叠、气压及远近	面漆彻底硬化后，利用砂纸打磨及棉纱团和抛光材料清除淌流及垂流。必要时打磨后重新喷涂	

十一、漆面裂痕

漆面裂痕故障处理见表 4.5-11。

表 4.5-11　漆面裂痕故障处理

故障原因	规范操作或预防措施	故障处理	故障图示
①如旧漆层没有处理错误，则与受大气污染和风化引起的侵蚀有关 ②喷涂时湿度过高；底材对溶剂敏感或打底填料没有干透 ③底材没有干透；硬化剂混合不正确或受污染而没有发生化学反应；不合适的稀释剂；面漆太薄	①定时护理面漆，有助于提高其抵抗性和保持其光泽 ②依照技术资料建议进行施涂；喷涂前须确定底材干透 ③使用后盖紧硬化剂	进行重喷	

十二、漆面突起的凹陷点

漆面突起的凹陷点故障处理见表 4.5-12。

表 4.5-12　漆面突起的凹陷点故障处理

故障原因	规范操作或预防措施	故障处理	故障图示
①车身表面在喷涂前受到油、蜡、油脂或有机硅的污染 ②喷涂使用的空气受到污染 ③清洁彻底	①修整前用除硅清洁剂或表面清洁剂清洁车身表面 ②定期维修进气管上的油水分离器	①如果陷穴不多，而且体积小，可用抛光法清除 ②严重的必须彻底打磨后重喷	

扫一扫

视频精讲